D'AUTREFOIS

Alphonse Daudet
1840-1897

Marcel Aymé
1902-1967

Boris Vian
1920-1959

CE1

Interlignes Lecture

Sous la direction de :

Catherine Castera
Agrégée de lettres modernes, professeur d'IUFM

Pascale Braillet-Pasquereau
Professeur des écoles, maître formateur

Christine Garcia-Madon
Professeur des écoles, maître formateur

Marielle Gastellier-Massias
Docteur ès lettres, professeur d'IUFM

Monique Kurz
Agrégée de lettres modernes, professeur d'IUFM

éditions sed

Avant-propos

La collection *Interlignes*, composée d'un manuel d'étude de la langue et d'un manuel de lecture, se propose d'aider chaque élève à accéder aux connaissances et compétences définies par les programmes et le socle commun.

En lecture, la construction de la compréhension nécessite de développer différentes compétences, qu'elles soient culturelles, textuelles, individuelles, sociales, linguistiques ou stratégiques.

Pour ce faire, plusieurs axes ont été privilégiés dans *Interlignes Lecture* :
- offrir des écrits variés et authentiques pour permettre à l'élève d'entrer dans la culture de l'écrit, afin de mieux se repérer parmi les différents supports scolaires, sociaux ou littéraires et d'en comprendre les usages ;
- développer une première culture littéraire adaptée à l'âge des élèves, au travers d'extraits ou d'œuvres complètes issus de la littérature de jeunesse ou du patrimoine ;
- construire la compréhension littérale et fine des textes par un questionnement volontairement allégé et ciblé en fonction des compétences visées ;
- proposer des parcours différenciés afin que chaque élève apprenne à son rythme en s'inscrivant dans la cohésion du groupe ;
- permettre aux élèves d'échanger autour de la lecture pour confronter leurs opinions et stratégies grâce à des activités centrées sur l'oral.

Enfin, la souplesse d'utilisation du manuel garantit la liberté pédagogique de l'enseignant. Ce dernier peut choisir de construire son année en suivant l'ordre du manuel ou en inscrivant les entrées de chapitres proposées dans sa propre programmation, qu'elle soit linéaire ou spiralaire. En effet, l'enseignant peut décider d'aborder chaque chapitre dans son intégralité ou envisager de le traiter progressivement tout au long de l'année. Il s'agit avant tout de construire un ensemble cohérent et signifiant pour l'élève, qui lui permettra de mieux lire « entre les lignes ».

Les auteurs

2, rue Chappe 78130 Les Mureaux
Tél : 01 34 92 78 78 – Fax : 01 34 92 82 50
www.editions-sed.fr
ISBN : 978-2-8223-0519-8
Réf. : 42300

Organisation du manuel

Le manuel est organisé en neuf chapitres développant chacun une compétence de lecture. Leur choix, en adéquation avec les propositions des programmes, permet d'aborder l'ensemble des composantes qui relèvent de la compréhension des textes. L'élève, face au texte, doit mobiliser différents types de compétences et connaissances. Il lui faut tout d'abord identifier le type d'écrit auquel il est confronté, pour en saisir les premiers enjeux et adapter ses stratégies de lecture au support proposé. En effet, on n'aborde pas de la même manière un texte documentaire et un texte littéraire dont les fonctions et les modes de communication sont différents.

Ainsi, une première partie de l'ouvrage se donne pour objectif **d'aider l'élève à se repérer parmi la diversité des écrits** qu'il est susceptible de rencontrer tant dans son quotidien qu'à l'école, que ce soient des écrits dits fonctionnels ou des écrits littéraires. Une deuxième partie est consacrée à **l'analyse du fonctionnement du texte narratif** : construction d'une histoire, identification des personnages et repérage des circonstances temporelles et spatiales. Enfin la troisième partie développe des **compétences spécifiques au champ littéraire** : comparer des œuvres entre elles, à partir du conte *Hansel et Gretel*, et aborder l'étude d'une œuvre intégrale, un roman de littérature de jeunesse issu de la dernière liste ministérielle : *Le Père Tire-Bras*.

Chaque chapitre est repérable par son numéro, son unité couleur et son sommaire.

Choix des textes (sommaire des textes pp. 8-9)

Divers critères ont présidé au choix des textes. Dans un premier temps, nous avons souhaité que l'enseignant puisse trouver **des écrits variés et de différents types**, adaptés à l'âge et à l'intérêt des élèves de CE1. Ainsi, certains textes documentaires entrent-ils en résonance avec les autres domaines scolaires, comme la découverte du monde, mais aussi des univers imaginaires tel celui des pirates entre autres. **La sélection des textes littéraires** prend en compte **les recommandations ministérielles** (textes identifiés dans le sommaire page 8 et 9 par le pictogramme ●) et doit permettre la construction d'une large culture : présence **d'œuvres classiques, patrimoniales et de littérature de jeunesse**, représentation **des différents genres** (albums, bandes dessinées, contes et fables, romans et récits, poésies et jeux langagiers, théâtre).

En outre, pour susciter l'intérêt des élèves et favoriser le plaisir de la lecture, sont aussi présentées des œuvres intégrales, identifiables par le pictogramme 📘.

Choix iconographiques

L'illustration dans un manuel de lecture a différentes fonctions. Elle peut fournir une aide précieuse dans la construction du sens, en aidant l'élève à se représenter l'univers de référence évoqué par le texte. Elle procure aussi un plaisir esthétique qui participe au désir d'aller plus avant dans la découverte des univers imaginaires proposés par les textes. Elle concourt enfin à développer une sensibilité artistique, en proposant à l'élève des supports d'origines et de formes diverses. Ainsi, a été fait le choix de faire illustrer chaque chapitre par un illustrateur différent, qui imprime sa touche personnelle à un ensemble cohérent. Par ailleurs, la présence de genres littéraires illustrés, comme l'album ou la bande dessinée, dans leur forme originale, permet de confronter des choix artistiques et techniques et d'initier l'élève à la lecture de l'image.

Présentation du manuel

• Structure d'un chapitre

Chaque chapitre s'organise en quatre rubriques (« Que sais-tu déjà ? », « Lectures », « Tes outils pour mieux lire », « As-tu-bien compris ? ») qui structurent les apprentissages. Le sommaire de chaque chapitre permet de s'y repérer aisément.

Que sais-tu déjà ?

Un support textuel de forme variée (extrait, couverture d'ouvrage, affiche, etc.) et mis en scène permet à l'élève de comprendre les enjeux de la compétence visée. Ce premier **recueil des représentations** peut guider l'enseignant dans l'organisation de sa séquence d'enseignement.

Lectures

- Les doubles pages de lecture présentent les différentes étapes qui permettent de construire progressivement la compétence et les connaissances visées au travers de propositions de textes et de questionnements différenciés. Chaque étape, définie par une question (« Sais-tu distinguer… ? », « Connais-tu… ? »), s'organise graduellement autour de deux niveaux de lecture. La présentation des textes rend compte de cette structuration et en facilite la lisibilité. Sur la page de gauche figure un premier niveau d'approche appelé **• lecture 1** et, sur celle de droite, un second niveau appelé **•• lecture 2**. Chaque lecture est accompagnée de son questionnement scindé en **deux itinéraires différenciés** : A et B, dont l'objectif reste identique, mais dont les questions diffèrent, soit par leur visée de compréhension littérale ou plus fine, soit par leur formulation, soit par les aides apportées. En outre, certaines questions communes aux deux itinéraires sont repérables par le pictogramme .

- Je prononce avant de lire : une série de mots extraits de chaque texte (**• lecture 1** et **•• lecture 2**) est donnée au préalable en **lecture à haute voix**, afin de prévenir les obstacles dus à un problème d'identification des mots. Cette rubrique vise les difficultés grapho-phoniques des mots rencontrés dans le texte à lire.

- Le vocabulaire : des mots ou expressions sont soulignés en vert dans le texte et accompagnés d'un numéro pour faciliter le repérage de l'explication. Il ne s'agit pas de produire une définition telle qu'on pourrait la trouver dans le dictionnaire, mais plutôt de proposer à l'élève une équivalence immédiatement transférable. C'est pourquoi les formes verbales ne sont pas à l'infinitif, mais conjuguées au temps du texte. Cependant, certains termes n'ont pas toujours d'équivalent synonymique. De plus, il nous a paru nécessaire de spécifier le niveau de langue, lorsqu'il est familier, ou d'emploi vieilli.

- Tu lis des images : cette rubrique présente une **lecture d'image** en lien avec la compétence visée. Il s'agit pour l'élève de transférer des savoirs nouvellement acquis sur un autre support à partir d'une série de questions plus ou moins ouvertes. Le support sélectionné, de diverses natures (illustration d'album, affiche, tableau, gravure, etc.), est systématiquement inscrit dans un contexte culturel et technique en rapport avec les attendus du programme d'histoire de l'art.

Tes outils pour mieux lire

La lecture sollicite les autres domaines du français comme l'oral, l'étude de la langue et l'écriture. **L'oral** est travaillé, tant dans sa dimension interprétative pour lire à haute voix, que dans sa dimension communicationnelle et argumentative, pour échanger avec les autres et justifier ses choix. Dans chaque chapitre, une fiche méthodologique développe des apprentissages spécifiques. Les activités d'**étude de la langue** (« La langue au service des textes ») n'ont pas pour but de construire les notions du programme, mais d'aider l'élève à mieux lire en appelant son attention sur des faits de langue spécifiques d'ordre syntaxique, lexical ou énonciatif, qui pourraient apparaître comme des obstacles à la compréhension. La rubrique « **Ateliers sur les notions** » permet de renforcer les savoirs convoqués dans la construction de la compétence visée. La mise en situation d'**écriture** (« Écrire pour mieux lire ») permet à l'élève de mieux appréhender les fonctionnements textuels et de s'approprier l'ensemble des règles de fonctionnement de la langue écrite en l'inscrivant dans un rapport constant entre la lecture et l'écriture.

Ces activités systématiques peuvent être abordées souplement, soit dans la suite logique des doubles pages, soit ponctuellement, en amont ou en parallèle de l'approche des textes.

As-tu bien compris ?

Cet ensemble est organisé en trois parties. D'abord, une série de trois questions propose **une évaluation sommative** ; ensuite, un support textuel et son questionnement invitent l'élève à **transférer la compétence et les connaissances acquises** ; enfin, **une synthèse** (« Retenons ») formalise les savoirs et en construit le lexique. Un repérage de couleur met en évidence les termes notionnels que l'élève doit connaître et qu'il sera en mesure de réutiliser d'un chapitre à l'autre, tout au long de l'année, mais aussi au cours de sa scolarité.

Pages annexes

Les premières et dernières pages, qui présentent une galerie des portraits d'auteurs, ont un objectif culturel. Elles permettent à l'élève de rattacher les œuvres à un contexte social et historique.

Les pages-outils aident à se repérer dans le manuel : sommaire des chapitres, sommaire des textes, présentation de la structure d'un chapitre, sommaire de chaque chapitre, index des mots-clés (qui sont les mots en bleu des « Retenons »).

Fichier ressources

L'enseignant y trouvera :

- le déroulement pédagogique de chaque chapitre avec le corrigé des itinéraires et des exercices ;
- des bilans intermédiaires et une évaluation finale par chapitre ;
- des fiches photocopiables d'activités rédactionnelles ;
- des propositions de programmation ;
- des outils pour la classe (« Oui / Non », « Retenons » à compléter et à photocopier, etc.) ;
- des tableaux de compétences à photocopier.

Symboles utilisés dans le manuel

- Lecture intégrale
- • **Lecture 1** / •• **Lecture 2**] Lectures en deux niveaux différenciés
- Question(s) commune(s) aux itinéraires A et B
- ▶ Connaissances techniques relatives au support visuel selectionné

Comment fonctionne ton manuel ?

Pour savoir ce que tu vas apprendre dans un chapitre, lis bien son titre.
Pour te repérer dans le chapitre, lis bien son sommaire.

Que sais-tu déjà ? : tu dois réfléchir à ce que disent les élèves de la classe de CE1 et répondre à ton tour.

Le titre : ce que tu vas apprendre.

Je prononce avant de lire : tu lis et prononces les mots pour les reconnaître. Le • correspond à la lecture 1. Les •• correspondent à la lecture 2.

Tu sais toujours dans quel chapitre tu te trouves et ce que tu apprends.

Lecture 1 et lecture 2 : le ou les textes à lire.

Le résumé : attention, n'oublie pas de lire le résumé.

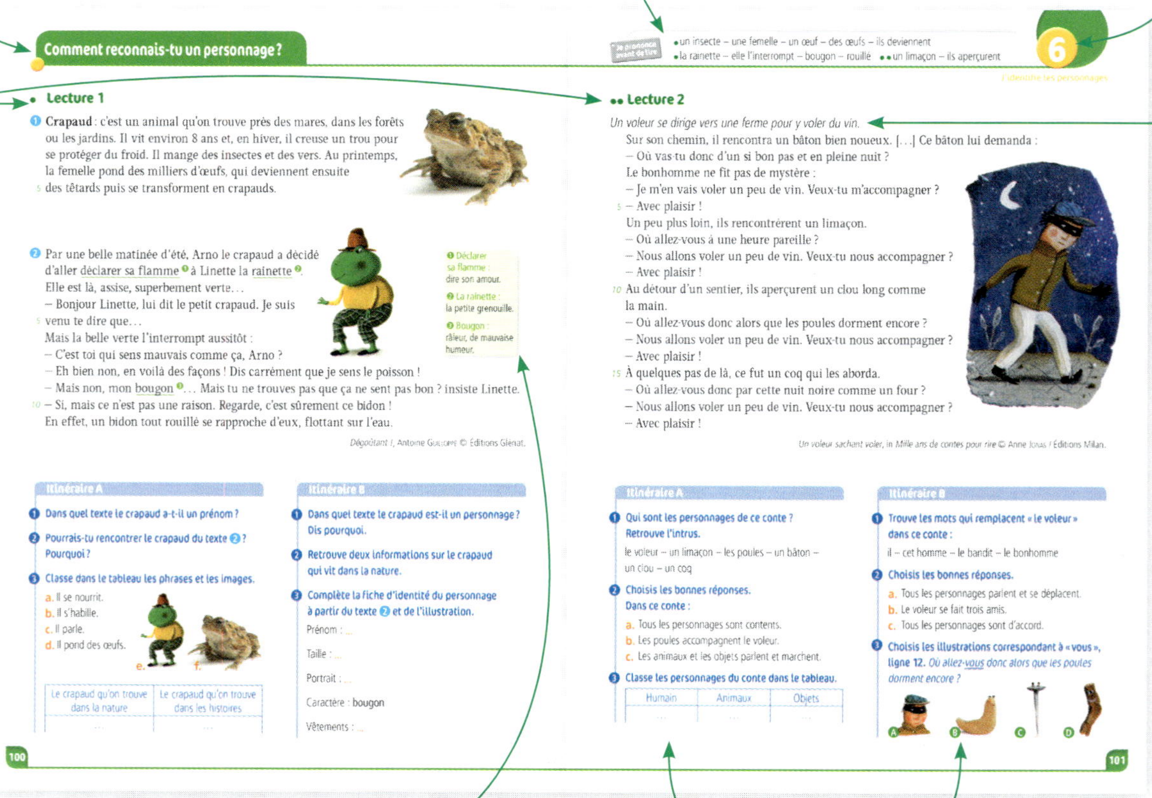

Comment reconnais-tu un personnage ?

Je prononce avant de lire
• un insecte – une femelle – un œuf – des œufs – ils deviennent
• la rainette – elle l'interrompt – bougon – rouillé •• un limaçon – ils aperçurent

6

• Lecture 1

❶ **Crapaud** : c'est un animal qu'on trouve près des mares, dans les forêts ou les jardins. Il vit environ 8 ans et, en hiver, il creuse un trou pour se protéger du froid. Il mange des insectes et des vers. Au printemps, la femelle pond des milliers d'œufs, qui deviennent ensuite des têtards puis se transforment en crapauds.

❷ Par une belle matinée d'été, Arno le crapaud a décidé d'aller déclarer sa flamme [1] à Linette la rainette [2].
Elle est là, assise, superbement verte…
– Bonjour Linette, lui dit le petit crapaud. Je suis venu te dire que…
Mais la belle verte l'interrompt aussitôt :
– C'est toi qui sens mauvais comme ça, Arno ?
– Eh bien non, en voilà des façons ! Dis carrément que je sens le poisson !
– Mais non, mon bougon [3]… Mais tu ne trouves pas que ça ne sent pas bon ? insiste Linette.
– Si, mais ce n'est pas une raison. Regarde, c'est sûrement ce bidon !
En effet, un bidon tout rouillé se rapproche d'eux, flottant sur l'eau.

Dégoûtant !, Antoine Guilloppé © Éditions Glénat.

[1] Déclarer sa flamme : dire son amour.
[2] La rainette : la petite grenouille.
[3] Bougon : râleur, de mauvaise humeur.

Itinéraire A

❶ Dans quel texte le crapaud a-t-il un prénom ?
❷ Pourrais-tu rencontrer le crapaud du texte ❷ ? Pourquoi ?
❸ Classe dans le tableau les phrases et les images.
a. Il se nourrit.
b. Il s'habille.
c. Il parle.
d. Il pond des œufs.
e. f.

Le crapaud qu'on trouve dans la nature	Le crapaud qu'on trouve dans les histoires
…	…

Itinéraire B

❶ Dans quel texte le crapaud est-il un personnage ? Dis pourquoi.
❷ Retrouve deux informations sur le crapaud qui vit dans la nature.
❸ Complète la fiche d'identité du personnage à partir du texte ❷ et de l'illustration.
Prénom : …
Taille : …
Portrait : …
Caractère : bougon
Vêtements : …

•• Lecture 2

Un voleur se dirige vers une ferme pour y voler du vin.

Sur son chemin, il rencontra un bâton bien noueux. […] Ce bâton lui demanda :
– Où vas-tu donc d'un si bon pas et en pleine nuit ?
Le bonhomme ne fit pas de mystère :
– Je m'en vais voler un peu de vin. Veux-tu m'accompagner ?
– Avec plaisir !
Un peu plus loin, ils rencontrèrent un limaçon.
– Où allez-vous à une heure pareille ?
– Nous allons voler un peu de vin. Veux-tu nous accompagner ?
– Avec plaisir !
Au détour d'un sentier, ils aperçurent un clou long comme la main.
– Où allez-vous donc alors que les poules dorment encore ?
– Nous allons voler un peu de vin. Veux-tu nous accompagner ?
– Avec plaisir !
À quelques pas de là, ce fut un coq qui les aborda.
– Où allez-vous donc par cette nuit noire comme un four ?
– Nous allons voler un peu de vin. Veux-tu nous accompagner ?
– Avec plaisir !

Un voleur sachant voler, in *Mille ans de contes pour rire* © Anne Jonas / Éditions Milan.

Itinéraire A

❶ Qui sont les personnages de ce conte ? Retrouve l'intrus.
le voleur – un limaçon – les poules – un bâton – un clou – un coq
❷ Choisis les bonnes réponses. Dans ce conte :
a. Tous les personnages sont contents.
b. Les poules accompagnent le voleur.
c. Les animaux et les objets parlent et marchent.
❸ Classe les personnages du conte dans le tableau.

Humain	Animaux	Objets
…	…	…

Itinéraire B

❶ Trouve les mots qui remplacent « le voleur » dans ce conte :
il – cet homme – le bandit – le bonhomme
❷ Choisis les bonnes réponses.
a. Tous les personnages parlent et se déplacent.
b. Le voleur se fait trois amis.
c. Tous les personnages sont d'accord.
❸ Choisis les illustrations correspondant à « vous », ligne 12. *Où allez-vous donc alors que les poules dorment encore ?*
A B C D

100 101

Le vocabulaire : tu vérifies le sens du mot ou de l'expression soulignée et numérotée.

Les questions : tu réponds aux questions.

L'image : tu observes l'image.

Tu lis des images
9
Cette mosaïque du IIIe siècle après Jésus-Christ représente le dieu Océan. On peut la voir à Saint-Romain-en-Gal, près de Lyon.

▶ *La mosaïque est un art très ancien qui consiste à disposer des petites pierres ou des petits cubes de couleur les uns à côté des autres pour former un dessin. On trouve des mosaïques sur les sols, sur les murs ou sur les plafonds.*

Détail de la mosaïque du dieu Océan © Paul Veysseyre, musée gallo-romain de Saint-Romain-en-Gal, Vienne.

1. Quels animaux te permettent de savoir où vit le dieu Océan ?
2. Quelle partie du dieu vois-tu sur la mosaïque ?
3. Quels détails montrent qu'il s'agit d'un être fantastique et non d'un homme ?

167

Tu apprends d'où vient l'œuvre représentée.

Tu apprends comment l'œuvre a été fabriquée.

Tu réponds aux questions.

As-tu bien compris ? : tu réponds pour vérifier si tu as bien compris.

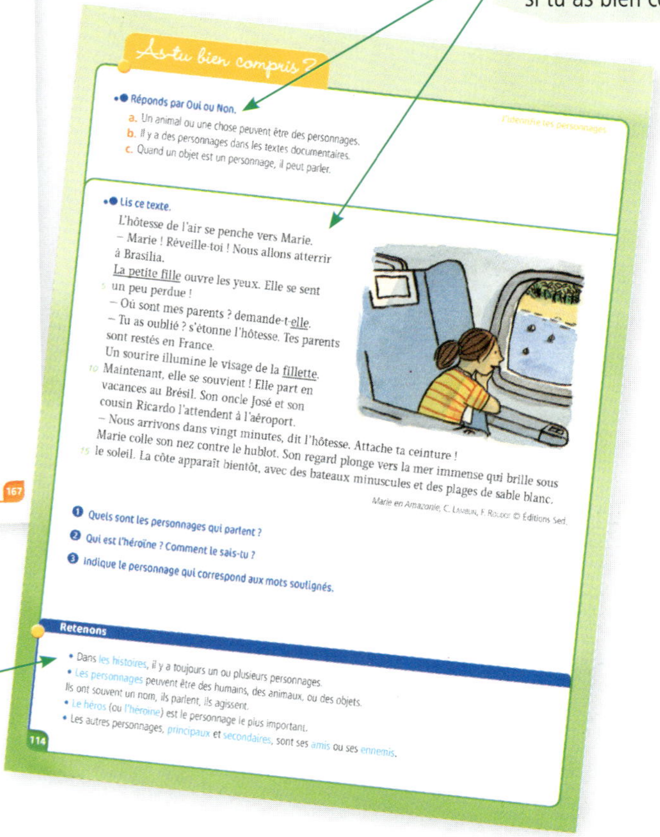
As-tu bien compris ?

● Réponds par Oui ou Non.
a. Un animal ou une chose peuvent être des personnages.
b. Il y a des personnages dans les textes documentaires.
c. Quand un objet est un personnage, il peut parler.

● Lis ce texte.
L'hôtesse de l'air se penche vers Marie.
– Marie ! Réveille-toi ! Nous allons atterrir à Brasilia.
La petite fille ouvre les yeux. Elle se sent un peu perdue !
– Où sont mes parents ? demande-t-elle.
– Tu as oublié ? s'étonne l'hôtesse. Tes parents sont restés en France.
Un sourire illumine le visage de la fillette. Maintenant, elle se souvient ! Elle part en vacances au Brésil. Son oncle José et son cousin Ricardo l'attendent à l'aéroport.
– Nous arrivons dans vingt minutes, dit l'hôtesse. Attache ta ceinture !
Marie colle son nez contre le hublot. Son regard plonge vers la mer immense qui brille sous le soleil. La côte apparaît bientôt, avec des bateaux minuscules et des plages de sable blanc.

Marie en Amazonie, C. Lamblin, F. Roulot © Éditions Sed.

1. Quels sont les personnages qui parlent ?
2. Qui est l'héroïne ? Comment le sais-tu ?
3. Indique le personnage qui correspond aux mots soulignés.

Retenons
• Dans les histoires, il y a toujours un ou plusieurs personnages.
• Les personnages peuvent être des humains, des animaux, ou des objets. Ils ont souvent un nom, ils parlent, ils agissent.
• Le héros (ou l'héroïne) est le personnage le plus important.
• Les autres personnages, principaux et secondaires, sont ses amis ou ses ennemis.

114

Retenons : ce que tu dois connaître. Les mots importants sont en bleu.

Tu t'entraînes sur les textes.

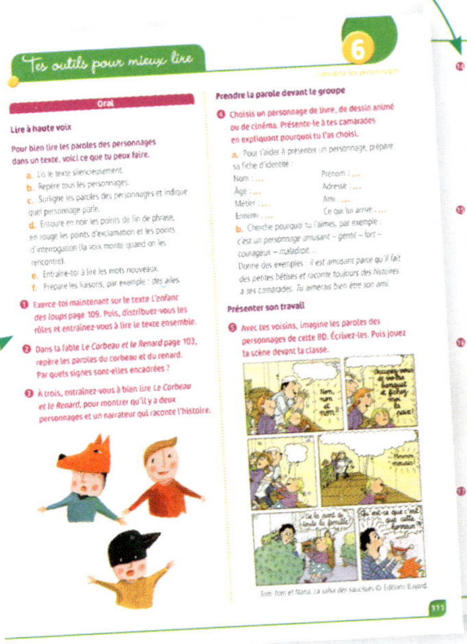
Tes outils pour mieux lire
6
Oral
Lire à haute voix
Prendre la parole devant le groupe
Présenter son travail
111

6
Écrire pour mieux lire
113

Tu t'exerces à l'oral.

Tu écris des textes.

Sommaire des chapitres

Identifier les écrits

Comprendre des histoires

Lire des œuvres intégrales

Lecture intégrale

Sommaire des textes

Écrits fonctionnels

Articles de journaux

Écrits du quotidien

Ouvrages documentaires

Littérature du patrimoine

Contes

Fables et poésies

Récits et romans

📘 Lecture intégrale ● La littérature à l'école – Listes de référence

Littérature de jeunesse

Albums

Bandes dessinées

Contes

Fables et poésies

Pièces de théâtre

Récits et romans

📖 Lecture intégrale ● La littérature à l'école – Listes de référence

Chapitre 1

Je me repère dans les écrits

Que sais-tu déjà ?

Le cocker

Il adore gambader dans l'herbe et les fourrés. Il bouge beaucoup et a un sacré caractère, toujours une bêtise à faire !

A

Fromage blanc aux pêches

Temps de préparation : 5 minutes

Ingrédients :

- 2 pêches coupées en petits cubes
- 1 petit pot de fromage blanc
- une demi-cuillère à café de sucre en poudre

1. Fais cuire les pêches 3 minutes dans une casserole d'eau bouillante.
2. Verse le fromage blanc dans une coupelle.
3. Ajoute le sucre et mélange.
4. Dépose les pêches égouttées par-dessus.

B

Et toi ? Peux-tu dire laquelle de ces pages appartient au fichier de mathématiques ?
Saurais-tu expliquer pourquoi les autres pages n'en font pas partie ?

38 Je compare et je range les nombres.

Dire un nombre < 90.
J'écris la dizaine qui vient juste avant ou juste après.

1 J'**entoure** dans chaque cadre le nombre le plus petit.

63 75 98	74 84 64	95 91 94
80 69 77	14 68 86	76 96 86

2 Je **lis** les messages de Ballix et ses amis.
J'**entoure** le nombre qui convient dans le tableau.

Il est plus petit que **90**.
Il est plus grand que **80**.
Le chiffre des **dizaines** est le double du chiffre des **unités**.
Entoure le nombre en **orange**.

Il est dans la famille des **quatre-vingt-dix**.
La différence entre ses deux chiffres est de **4**.
Entoure le nombre en **vert**.

Il est plus petit que **80**.
Il est plus grand que **60**.
Il se termine par le chiffre **3**.
La somme des deux chiffres est égale à **10**.
Entoure le nombre en **rose**.

Il est plus grand que **77**.
Il est plus petit que **82**.
Il n'a pas de **0**.
La somme des deux chiffres est un nombre pair.
Entoure le nombre en **marron**.

60	61	62	63	64	65	66	67	68	69
70	71	72	73	74	75	76	77	78	79
80	81	82	83	84	85	86	87	88	89
90	91	92	93	94	95	96	97	98	99

C

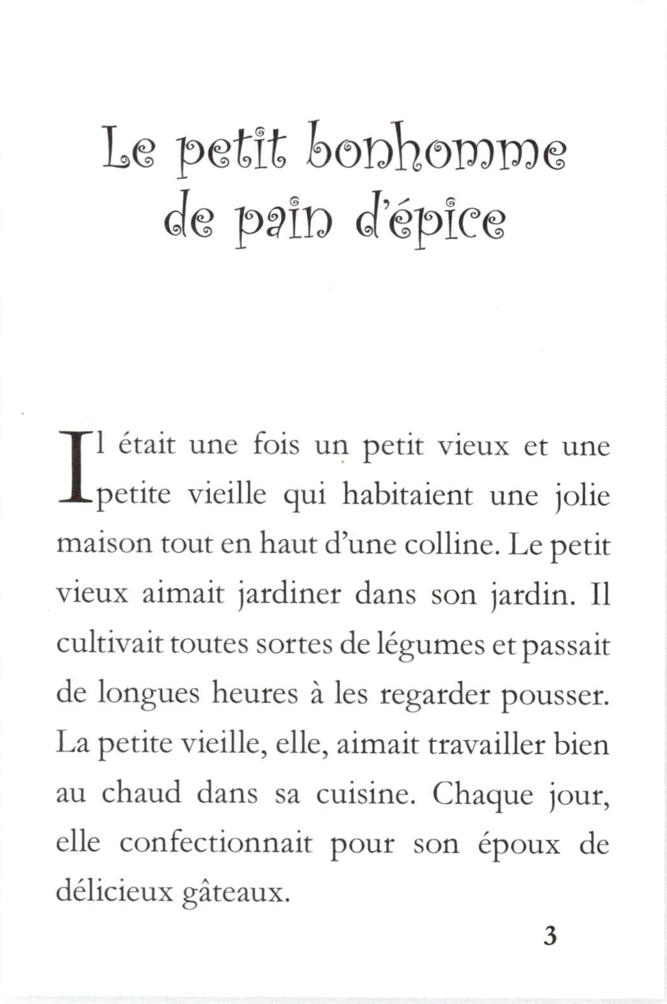

Le petit bonhomme de pain d'épice

Il était une fois un petit vieux et une petite vieille qui habitaient une jolie maison tout en haut d'une colline. Le petit vieux aimait jardiner dans son jardin. Il cultivait toutes sortes de légumes et passait de longues heures à les regarder pousser. La petite vieille, elle, aimait travailler bien au chaud dans sa cuisine. Chaque jour, elle confectionnait pour son époux de délicieux gâteaux.

3

D

Le petit bonhomme de pain d'épice, Anne Fronsacq © Flammarion, 1999.

Lecture 1

1

École Jules Ferry
Menu du 19 juin 2012

Entrée
Salade de champignons de Paris à la crème
Plat principal
Gratin de la mer doré au four
Choux-fleurs à la béchamel[1]
Fromage
Roquefort et sa salade verte
Dessert
Crème à la vanille sauce caramel
Bon appétit !

[1] La béchamel : une sauce blanche à base de lait.

2 Le jeudi, Élodie meurt déjà de faim à onze heures trente. [...] Et quand la cloche de la cantine sonne, elle me tire par la manche pour qu'on soit les premières devant la porte du réfectoire. [...] Nous nous retrouvons face au pire menu imaginable : des champignons de Paris racornis[1] à la crème, un « gratin de la mer » servi avec des choux-fleurs à la béchamel, une petite portion de roquefort et une crème à la vanille jaunâtre sans caramel, avec une peau épaisse comme un ongle. Et le pain est tout mou... Quand Élodie part s'asseoir avec son plateau, j'ai l'impression qu'elle va tomber dans les pommes. [...] L'odeur et la couleur du gratin de la mer, marron avec des moules ratatinées[2], des bouts de poissons secs et des tentacules de calamar, nous soulèvent le cœur.

C'est la vie Lulu – Je hais la cantine, Mélanie Edwards © Bayard Éditions.

[1] Racornis : devenus tout secs.
[2] Ratatinées : devenues toutes petites.

Itinéraire A

1. Quels sont les points communs entre ces deux textes ?
2. D'après le texte 2, le menu proposé est : *délicieux – immangeable – appétissant.*
3. Quel texte afficherait-on à l'entrée du réfectoire ? Pourquoi ?

Itinéraire B

1. Dans le texte 2, retrouve les mots qui permettent d'identifier le lieu où se passe la scène.
2. Relève les phrases qui montrent que ce menu ne plaît pas à Élodie et son amie.
3. Quel texte raconte une histoire ?

•• Lecture 2

1

Couronne frangée

Matériel

papiers de couleur, 5 boules de cotillon[1] compas et règle, crayon à papier, colle et agrafes.

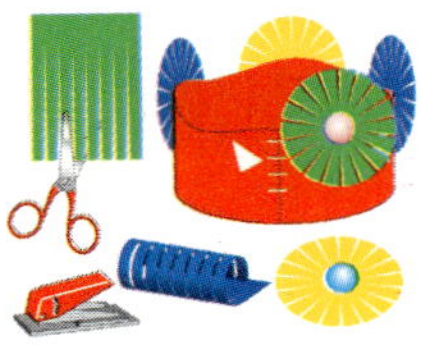

1 Au compas, tracer 5 ronds de 7 cm de diamètre. Les découper et les franger[2]. Coller une boule de cotillon au centre de chaque rond de papier.

2 Découper une couronne de 10 x 58 cm. Arrondir le haut aux ciseaux.

3 Aux ciseaux, franger et friser des bandes de papier de 7 x 10 cm en prévoyant une languette de collage de 2 cm. Les coller sur la couronne. Coller les ronds frangés. Décorer avec des triangles. Agrafer.

ABC 6-10 ans, création de Fanny Mangematin © Fleurus Éditions.

❶ Une boule de cotillon : une boule de papier.

❷ Franger : faire des franges, découper de fines bandes les unes à côté des autres.

2 Rapidement Hugo rassemble toutes les affaires dont il a besoin. Et il se met à l'ouvrage[1]. D'abord il rembourre la chaussette avec de vieux chiffons, en les poussant très fort dedans. Puis il place la chaussette au bout d'un bâton. Et il l'attache avec un brin de laine, il découpe deux oreilles dans une grosse étoffe[2], il les replie. Il coud les oreilles tout en haut de la chaussette. Avec deux grands boutons blancs il fait les yeux du cheval. Hugo prend de la laine jaune. Il en fait huit petits tas comme des pompons. Et il les coud : c'est la crinière... Maintenant cela ressemble plus à un cheval qu'à une chaussette. Pour faire les rênes, Hugo tresse des bouts de laine, c'est difficile. C'est long. Mais on y arrive... Il reste deux boutons à poser pour y fixer les rênes, ça y est. C'est fini ! « Je l'appellerai CHAUSSETTE MAGIQUE », pense Hugo.

❶ Se met à l'ouvrage : se met au travail.

❷ Une étoffe : du tissu.

Hugo et la chaussette magique, Tony Ross
© Casterman / Duculot.

Itinéraire A

1 Quelle est l'affirmation exacte ?

a. Le texte 1 permet à Hugo de fabriquer sa chaussette magique.

b. Il faut trois étapes pour fabriquer la couronne.

c. Ces deux textes racontent une histoire.

2 Dans quel texte repère-t-on facilement les étapes de la fabrication de l'objet ?

3 Comment appelle-t-on le texte 1 ?

Itinéraire B

1 Fais la liste du matériel nécessaire dans le texte 1, puis dans le texte 2. Comment as-tu retrouvé ces informations ?

2 Que fait le personnage dans le texte 2 ?

3 Pour quelle raison n'y a-t-il pas de personnage dans le texte 1 ?

Lecture 1

1

Petit Pierre était le plus petit des plus grands des pirates. Il n'avait peur de rien, ou presque. Ce qu'il aimait le plus, c'était découvrir des nouveaux mondes, se faire des nouveaux amis. Et ce qu'il aimait le moins, c'était quand son bateau n'avançait pas. Le vent ne soufflait plus depuis hier. Petit Pierre était arrêté au beau milieu de la mer et s'ennuyait beaucoup. Son bateau s'appelait *Le Joyeux* mais, lui, ne l'était plus du tout. Son fidèle compagnon, le perroquet Pépin, avait beau lui chanter des chansons, Petit Pierre faisait la tête : [...]

– Tu sais pourquoi je fais la tête ? demanda-t-il.

– On ne sait pas où est passé le vent, répondit Pépin.

– Non, c'est parce que j'en ai marre de notre bateau, il est beaucoup trop petit. Un grand pirate comme moi devrait naviguer sur un trois-mâts[1], comme celui de Barbequipique.

– Barbequipique ? Barbequipique ?

Pépin était effrayé rien que d'entendre le nom de ce terrible capitaine. Il avait entendu tant d'histoires affreuses sur lui et son équipage de pingouins.

[1] Un trois-mâts : un bateau possédant trois mâts pour soutenir les voiles.

Petit Pierre le pirate, Anthony PASTOR © Actes Sud, 2011.

Je prononce avant de lire

- il s'ennuyait – joyeux – il faisait – effrayé – son équipage – des pingouins
- ils sillonnaient – manœuvrer – ils s'enfuyaient

② L'âge d'or de la piraterie

Un pirate est une personne qui vole les bateaux en pleine mer. La piraterie existe depuis plus de 4 000 ans et se pratique encore de nos jours dans certaines régions du monde. Toutefois, la période allant du XVIe[1] au XVIIIe[2] siècle est souvent décrite comme l'âge d'or de la piraterie. À cette époque-là, les pirates étaient particulièrement actifs. [...] Ils sillonnaient[3] les eaux côtières[4] dans des vaisseaux[5] à la fois petits et rapides, donc faciles à manœuvrer. Ils attaquaient des navires de haute mer, plus grands et plus lents, qui transportaient des marchandises, puis ils s'enfuyaient rapidement.

Un jour dans la vie d'un pirate, Emma Helbrough, traduction de Claudine Azoulay

[1] XVIe : seizième.
[2] XVIIIe : dix-huitième.
[3] Sillonnaient : allaient partout.
[4] Les eaux côtières : la mer près des côtes.
[5] Des vaisseaux : des bateaux.

Itinéraire A

1. **Relève la bonne réponse. Ces deux textes parlent :**
   a. de perroquets. b. d'indiens. c. de pirates.
2. **Qui est Pépin ? Que fait-il ?**
3. **Relève les deux réponses justes.**
   En réalité, les pirates attaquent les bateaux pour :
   a. se faire de nouveaux amis.
   b. voler des marchandises.
   c. voler les bateaux.
   d. découvrir le monde.
4. **L'équipage de Barbequipique existe-t-il vraiment ? Pourquoi ?**

Itinéraire B

1. **Quelles ressemblances et quelles différences y a-t-il entre les deux textes ?**
2. **Pour quelle raison Petit Pierre fait-il la tête ?**
3. **En lisant la phrase en bleu dans le texte ②, on comprend que Petit Pierre a tort de faire la tête. Pourquoi ?**
4. **Quel texte apporte des connaissances sur les pirates ?**
   Comment appelle-t-on ce type d'écrit ?

Lecture 2

①

AFP-M.Metzel

❶ Un vaisseau Soyouz : un engin qui voyage dans l'espace, nommé Soyouz.

❷ L'ISS : Station Spatiale Internationale.

L'Américain Donald Pettit est porté après l'atterrissage d'un vaisseau Soyouz❶, dimanche, au Kazakhstan. Ce vaisseau l'a ramené de l'espace avec deux autres astronautes. Ils ont passé six mois sur l'ISS❷.

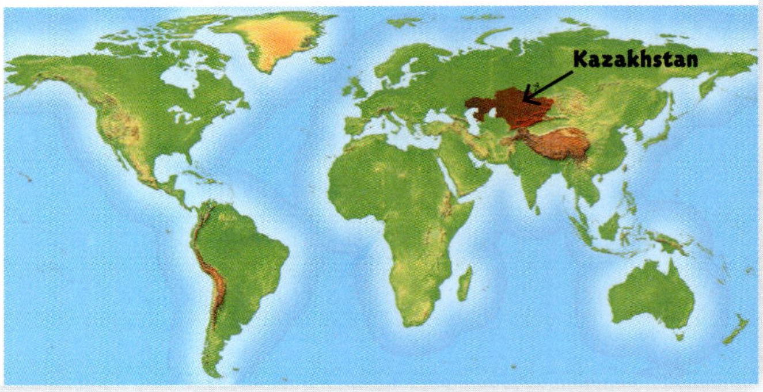

Extrait du *Petit Quotidien*, journal d'information pour les 6-10 ans, n° 3 803 du mercredi 4 juillet 2012 © Playbac.

Itinéraire A

1. **Où les personnages de chaque texte voyagent-ils ?**
   dans une grotte – sous l'eau – dans l'espace
2. **Quels sont les personnages qui existent vraiment ?**
   Buzz Aldrin – Bob – Donald Pettit – Neil Armstrong – Blop
3. **Le texte ① est un extrait :**
   d'un livre de recettes – d'un album – d'un journal – d'un dictionnaire.
4. **Le texte ② n'est pas écrit de la même façon que les deux autres textes. Comment appelle-t-on ce type d'écrit ?**

Itinéraire B

1. **Comment les engins volants sont-ils appelés dans chaque texte ?**
2. **Combien d'astronautes voyagent dans chacun des engins volants ?**
3. **Quels indices repères-tu pour savoir si les faits présentés dans les textes sont réels ou imaginaires ?**
   (Tu regardes les noms, les dates, les lieux, les illustrations...)
4. **Saurais-tu nommer chaque type d'écrit ?**

Je prononce avant de lire
•• un vaisseau – l'espace – un astronaute – le Kazakhstan
•• une citrouille – absorbé – l'ouest •• célèbre – la surface

2

Image Doc n° 157, janvier 2002, *Bob et Blop Cendrillon* 2002 © Éditions Bayard.

❶ Est absorbé : est concentré.

3

Neil Armstrong est né le 5 août 1930 aux États-Unis. Ce célèbre astronaute est le premier homme à avoir posé le pied sur la Lune. Le 21 juillet 1969, lors de la mission Apollo 11, Armstrong et son équipier ❶ Buzz Aldrin sont sortis du module lunaire ❷ pour descendre à la surface de la Lune.

À partir de *Vikidia*, encyclopédie des 8-13 ans.

❶ Un équipier : un autre astronaute qui voyage avec Neil Amstrong.

❷ Un module lunaire : un morceau du vaisseau spatial qui fonctionne seul.

Comment distingues-tu des écrits qui ont une présentation proche ?

• Lecture

1 *Pomme et poire*

Pomme et poire
Dans l'armoire
Fraise et noix
Dans le bois
Sucre et pain
Dans ma main
Plume et colle
Dans l'école
Et le faiseur[1] de bêtises
Bien au chaud dans ma chemise.

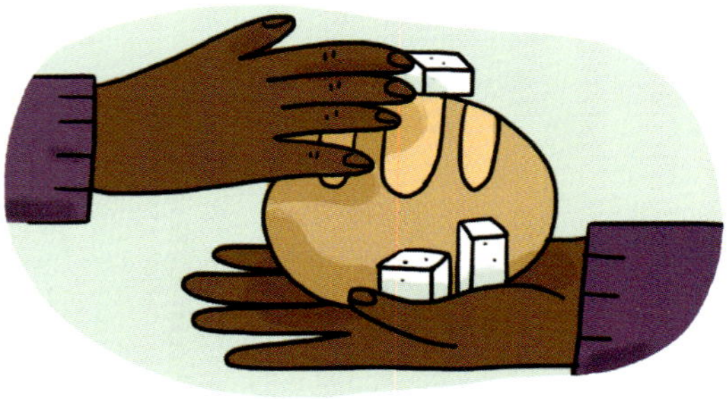

[1] Le faiseur : celui qui fait quelque chose.

Luc BÉRIMONT, *Les mots en fête 1*, coll. « L'enfant et la poésie » © Le Cherche-Midi éditeur.

2

Un litre de lait
Un kilo d'oranges
Une baguette
Une boîte de petits pois
Une salade
Un pot de fromage blanc
Un paquet de céréales
Deux tranches de jambon
Un pot de confiture
Une boîte de sardines

Itinéraire A

1 **Quel est le groupe de mots que l'on pourrait ajouter au texte 2 ?**

a. Sauvez les oranges !
b. Dans ma poche
c. Six œufs

2 **Quand utilise-t-on le texte 2 ?**

3 **Pour quelles raisons ces textes se ressemblent-ils ?**

a. Ils parlent de nourriture.
b. Ils ont la même présentation en colonne.
c. On y trouve le même personnage.
d. Ils sont écrits avec de longues phrases.

4 **Quels sont les deux textes qu'on lit pour le plaisir ?**

Itinéraire B

1 **À quoi correspond le nom « Luc Bérimont » écrit en bas du texte 1 ?**

a. C'est le titre de la comptine.
b. C'est le nom de l'auteur.

2 **Dans quel texte des personnages parlent-ils entre eux ?**

3 **De quel type de livre est extrait le texte 3 ? Retrouve les mots ou les indices qui t'ont permis de répondre.**

4 **Comment appelle-t-on le texte 2 ?**

Je prononce avant de lire

- un faiseur de bêtises – une chemise • une baguette – du fromage
- la scène – un client – furieuse – des poireaux – une manifestation

❸ *Le marché*

La scène se déroule sur un marché. D'étranges clients veulent empêcher la marchande de vendre ses fruits et légumes.

LA MARCHANDE, *de plus en plus furieuse* :
– Vous savez que vous commencez à m'énerver ? Il va falloir vous éloigner de mon étalage[1]. Je ne veux plus de clients comme vous ! [...]

LA PREMIÈRE CLIENTE
– Nous allons fonder une société protectrice des fruits et légumes !

(Les clients s'emparent des pancartes de la marchande et partent mener une manifestation sur le marché.)

LA PREMIÈRE CLIENTE
– Li-bé-rez la patate !

LE TROISIÈME CLIENT
– Sau-vez la noix !

LA PREMIÈRE CLIENTE
– Dé-li-vrez l'artichaut !

LE TROISIÈME CLIENT
– Ca-chez l'asperge !

LE QUATRIÈME CLIENT
– Pro-té-gez la courge !

LA DEUXIÈME CLIENTE
– Dé-fen-dez la salade !

LA CINQUIÈME CLIENTE
– Pré-ser-vez la cerise !

LE QUATRIÈME CLIENT
– Se-cou-rez les poireaux !

(Ils quittent peu à peu l'espace scénique[2] et disparaissent en continuant la manifestation.)

RIDEAU

Jacky VIALLON, *Pièces drôles pour les enfants*

❶ L'étalage : l'endroit où la marchande pose ses fruits et légumes.

❷ L'espace scénique : la scène où se trouvent les comédiens.

A

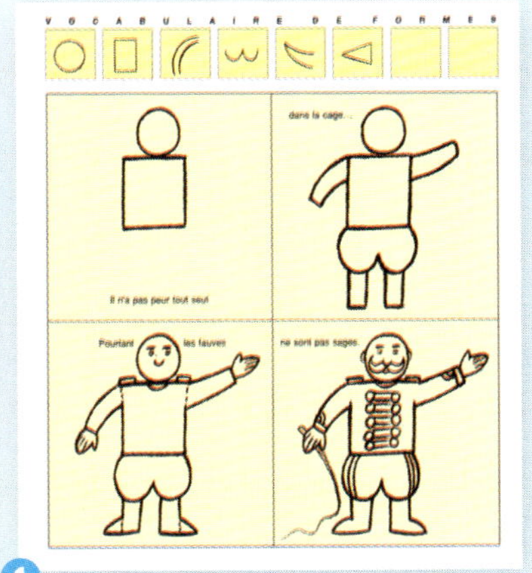

1

D

B

Entraînement

Itinéraire A

1 Transforme chaque phrase en posant la question *Qui est-ce qui ?* Utilise *C'est… qui* dans la réponse.

Exemple : Julien dessine. → Qui est-ce qui dessine ? → C'est Julien qui dessine.

a. Les élèves visitent une exposition. b. Un élève découpe une feuille. c. Ma grande sœur écoute un concert. d. Le pianiste salue le public.

2 Recopie les phrases. Encadre le verbe. Souligne le sujet.

Exemple : Le train entre en gare.

a. Le bûcheron pose sa hache. b. Le garagiste ouvre le capot* de la voiture. c. Les hirondelles installent un nid. d. Pierre adore les chevaux.

3 Observe les images. Écris le sujet de chaque phrase.

a. … rôde autour du poulailler.
b. … attrapent des poules.

Itinéraire B

6 Transforme chaque phrase en posant la question *Qui est-ce qui ?* ou *Qu'est-ce qui ?* Utilise *C'est… qui* dans la réponse.

a. Autrefois, les hommes peignaient sur les parois des grottes. b. À l'école maternelle, des posters ornent les murs. c. Ce soir, nous irons chez nos cousins. d. Demain, la piscine sera fermée.

7 Recopie le texte. Encadre les verbes. Souligne les sujets.

Les touristes attendent patiemment devant le musée. Une caissière vend des tickets. Un gardien vérifie le contenu des sacs. Les portes s'ouvrent enfin. La visite de l'exposition peut alors* commencer.

8 Observe les images. Écris le sujet de chaque phrase. Complète le verbe si nécessaire.

a. … cache… le soleil.
b. … brille… dans la nuit.

2

E

C

Le jour de la course

Quand Ayana rentre
à la maison, ses parents
sont là, rassurés : le voisin
le leur a promis, d'ici quatre
jours la machine sera comme
neuve.

– Merci, sans toi ça n'aurait
pas été possible ! lui disent-ils.

Ayana hoche la tête, paupières
baissées.

3

F

Je prononce avant de lire

- Vertuchou – une paupière – un instrument – lesquels – farfouille

4

5

Scène 7

Personnages :
Filou les Crocs – Vertuchou – Le narrateur.

Filou les Crocs
Ouah ! Ha, ha.

Vertuchou, *apeuré.*
Heu… Bonjour !… monsieur le renard.

Filou les Crocs
Salut ! *(Très roublard.)* Alors, on se promène ?

Vertuchou
Oui… Non… Je cherche…

Filou les Crocs
Ha, ha… On farfouille[2]… dans mes bois !

6

1 **Vibre** : tremble.

2 **Farfouille** : cherche partout.

E, 5, 8 : *Les Papooses*, Sophie Dieuaide et Catel © Éditions Casterman – F, 2 : *Interlignes* © Éditions Sed.

Itinéraire A

1. **Quelle partie du livre les documents A, B, C, D, E et F présentent-ils ?**
   a. une page b. la couverture du livre c. un chapitre
   d. la quatrième de couverture

2. **Le texte 3 est une page du livre C. Quels sont les mots qui le montrent ?**

3. **Dans le livre A, tu pourrais aussi trouver :**
   a. comment dessiner un avion.
   b. comment fabriquer un château.
   c. comment dessiner un trapéziste.

4. **Quelle page suivante pourrais-tu aussi trouver dans le livre E ? Explique pourquoi.**

Scène 4

Personnages :
Phil Ronchon – Le narrateur – Vertuchou.

Phil Ronchon
Pas nez à nez ! Non, pas nez à nez !

Le narrateur
Ah non ! Tu ne vas pas t'y mettre aussi ! Tu restes dans le livre.

Phil Ronchon
Pas nez à nez, j'ai pas de nez. Pas nez à nez.

Vertuchou, *réapparaissant.*
Ah, tu vois que tu es nul ! Il a raison ! Pas nez à nez : je l'ai doublé. Voilà. *(Il rigole.)*

Phil Ronchon
Ça va Vertuchou. Je le sais bien que je ne suis pas un rapide. Mais je te signale que j'ai gagné la course avec Tartine, l'autre jour.

7

8

Itinéraire B

1. **Fais la liste des indices qui permettent d'associer chaque extrait à son livre pour les textes 3, 4 et 5.**

2. **Retrouve les deux extraits qui ne sont pas en face de leur livre. Explique ton choix.**

3. **Dans le livre B, quels mots et quel élément de l'illustration permettent de savoir qu'on va lire une pièce de théâtre ?**

4. **Quels livres présentent des textes :**
   - pour découvrir une histoire ?
   - pour apprendre quelque chose ?
   - pour travailler à l'école ?

Comment te repères-tu dans un livre ?

Lecture

1

Sommaire

Instruments de musique, Denise RYAN © Hachette Éducation.

1 La conga : un long tambour en bois.

Je prononce avant de lire
- l'accordéon – le saxophone – la harpe
- humoristique – une saynète

2

© Éditions Sed.

SOMMAIRE

❶ **Humoristique** : amusant, qui fait rire.

❷ **Une saynète** : une pièce de théâtre très courte.

Itinéraire A

1. **Choisis les deux réponses justes. Dans ces sommaires tu peux lire :**
   des histoires – des numéros de pages – des titres – des définitions.
2. **Combien d'instruments de musique sont présentés dans le livre documentaire ?**
3. **À quelle page trouve-t-on un récit qui fait rire dans l'album de lecture ?**
4. **Tu utilises un sommaire pour (deux réponses justes) :**
   a. savoir ce que tu vas trouver dans le livre.
   b. savoir où se trouvent les images. c. choisir une page au hasard. d. choisir le chapitre que tu veux lire et le trouver facilement.

Itinéraire B

1. **Les nombres écrits dans ces sommaires correspondent :**
   a. à des dates. b. à des numéros de pages.
   c. à des prix. d. à des âges.
2. **Que trouve-t-on à la page 14 de chacun de ces deux livres ?**
3. **Dans quel ordre sont présentés les chapitres de ces livres ?**
   a. dans l'ordre alphabétique.
   b. dans l'ordre des numéros de pages.
   c. au hasard.
4. **Pourquoi le sommaire se trouve-t-il au début du livre ?**

Affiche du Salon du livre jeunesse, Albi 2012, aquarelle originale d'Éric Habourdin et Sergio M. Rebello © Association Artopterre.

1. Observe bien cet écrit. Comment est-il composé ?
2. Comment appelle-t-on ce type d'écrit ? À quoi sert-il ?
3. Quels objets vois-tu sur l'illustration ?
4. Quels livres pourraient parler de ces objets ?

Oral

Lire à haute voix

Quand on parle et quand on lit, certains mots « s'accrochent » les uns aux autres. On dit qu'on fait la liaison.

1 Lis les groupes de mots suivants silencieusement, puis à voix haute.

les affaires – des aviateurs – mes amis
des instruments – les yeux
les eaux côtières – de longues heures
deux oreilles – mes nouveaux amis
son anniversaire – bien au chaud
son équipage de pingouins
le premier homme

2 Lis les phrases suivantes en faisant les liaisons.

Il était une fois un petit escargot.
C'est à cause de la pluie.
Tous les habitants sont invités.
J'en ai assez de cet horrible bateau.
On apprend et on y arrive !

3 Recopie ces mots en les séparant.

unabricot – desanimaux – monépée – cetâne – tesavions – deuxétoiles

Prendre la parole devant le groupe

4 Explique à tes camarades quelles sortes de lectures tu aimes et pourquoi tu les aimes.

Pour préparer ce travail :

a. Choisis deux écrits différents (tu peux prendre des textes ou des livres).

b. Réponds à ce questionnaire pour chacun des écrits.
De quel écrit s'agit-il ? (Pour t'aider, tu peux te reporter aux premières pages du chapitre.)
Quel est le titre du livre ou du texte ?
De quoi parle-t-il ?
Qu'as-tu aimé dans ce livre ou dans ce texte ?
(L'histoire, les personnages, les illustrations, la présentation, ce qu'il t'apprend...)

Présenter son travail devant le groupe

5 Fabrique un jeu de memory avec deux ou trois camarades.

Dans ce jeu de memory, il faut retrouver deux cartes présentant un même livre : la couverture du livre et une page extraite de ce livre.
Vous allez devoir faire une sélection de façon à avoir toutes sortes de livres : roman, documentaire, pièce de théâtre, bande dessinée, poésie, livre pour fabriquer, livre de recettes, etc.
Il suffit ensuite de photocopier la couverture et une page de chaque livre que vous pourrez coller sur une fiche cartonnée.
Avant de jouer, il va falloir d'abord présenter le jeu aux autres camarades de la classe !

Le premier rencontra un homme qui portait une botte de paille et il lui dit :
– Bonhomme, donne-moi cette paille pour me bâtir une maison.
L'homme lui donna la paille, et le petit cochonnet se bâtit une maison avec.

Tes outils pour mieux lire

La langue au service des textes

6 Complète les phrases avec les mots suivants :
un livre documentaire – une bande dessinée – une pièce de théâtre – un roman.

a. Pour le spectacle de fin d'année nous allons jouer ... .
b. Nous avons fait des recherches dans ... sur les poissons avant d'installer notre aquarium en classe.
c. Astérix et Obélix sont les héros d'... très célèbre.
d. Cet auteur a écrit ... de cent pages dans lequel le héros vit de nombreuses aventures.

7 Associe chaque mot à sa définition :
une affiche – la fiche de fabrication – des articles – le sommaire.

a. Il est au début du livre, tu le consultes pour trouver la page du chapitre qui t'intéresse.
b. Les journalistes en écrivent.
c. On l'accroche sur les murs pour annoncer un événement.
d. Elle permet de réaliser des objets.

8 Complète cette fiche de fabrication en choisissant parmi les verbes suivants :
écouter – faire sécher – mélanger – apprendre – prendre – fabriquer – lire.

Pour fabriquer un objet en pâte à sel :
... un verre de farine, un verre de sel fin et un verre d'eau.
... les trois ingrédients dans un saladier.
... l'objet avec la pâte ainsi obtenue.
... l'objet au four doux deux ou trois heures.

Ateliers sur les notions

9 Observe la première et la quatrième de couverture et réponds aux questions.

Qui a tué Minou-Bonbon ?, Joseph Périgot, coll. « Mini Syros » © éditions Syros.

a. Quel est le titre de ce roman ?
b. Quel est le nom de l'auteur ?
c. Quels indices permettent de savoir qu'il s'agit d'un roman policier ?
d. Retrouve le nom de l'éditeur dans cette liste : Hachette – Bordas – Syros – Sed.

10 **Observe bien cette couverture d'album et retrouve le texte de présentation qui correspond.**

© Éditions Retz, 2011.

Texte A
Le loup affamé voudrait bien attraper cette petite poule rousse pour en faire son souper.

Texte B
Le renard affamé voudrait bien attraper cette petite poule rousse pour en faire son souper.

Il s'agit du texte **...** .

Écrire pour mieux lire

11 **Écris la phrase qui convient dans cette bulle de bande dessinée.**

a. Complète les phrases avec le mot qui convient.
b. Lucie prenait l'autobus pour venir à l'école.
c. Bonjour mon ami ! Comment allez-vous ?
d. Le piano est un instrument à cordes.

12 **Relis le texte *Hugo et la chaussette magique* à la page 15 de ce chapitre. À partir de ce texte, rédige une fiche de fabrication pour cette « chaussette magique ».**

Titre de la fiche : ...	
Liste du matériel	Étapes de fabrication et dessins
...	...

13 **Deux textes ont été mélangés. Retrouve les phrases qui appartiennent au roman *À cheval, Nitou* et réécris-le.**

Les poissons-clowns prennent soin de leur anémone. Triple-Galop est la jument la plus rapide des terres de l'Ouest. Ils la nettoient et la protègent contre les prédateurs. Hélas, elle s'est blessée à la patte avec une grosse épine de cactus, et elle perd un peu de sang. En échange, l'anémone protège le poisson-clown. Ces quelques gouttes suffisent à mettre une bande de coyotes sur ses traces et celles de son poulain.

À cheval, Nitou, Marc Cantin © Flammarion, 2009 /
Le poisson-clown, copain de l'anémone, Gireq Allain,
coll. « Mini patte » © Éditions Milan.

14 **Écris un menu imaginaire.**

Pour écrire ce menu, réfléchis :
– à la personne qui va manger ce repas (un ogre, un robot, un enfant, un animal...) ;
– aux aliments que tu vas choisir (des friandises, des objets, des aliments imaginaires...).

As-tu bien compris ?

Réponds par Oui ou Non.

a. L'écrit documentaire et l'article de journal racontent des histoires imaginaires.
b. Pour savoir ce que l'on va trouver dans un livre, on peut consulter le sommaire.
c. Tous les types d'écrits ont la même présentation.

À partir des étiquettes, recompose ces deux couvertures de livre.

Collection « Les p'tits ateliers »

Collection « Premiers romans »

Fabriquer des oiseaux en papier

Les vacances de Jules

Marie Lalane

Jean Labru

Livre A ....

Livre B ....

Voici ce qu'on peut lire sur les quatrièmes de couverture de ces livres.
Retrouve à quel livre elles correspondent.

Quand on est un petit garçon de 8 ans
et que l'on découvre la mer pour la première fois,
on est prêt pour vivre de belles aventures.
Jules va connaître des vacances incroyables…

Livre …

C'est fou ce que l'on peut faire avec une simple feuille
de papier ! Voici de quoi fabriquer des oiseaux
de toutes sortes et de toutes tailles. Jean Labru propose
dans ce livre de nombreuses activités. À vos ciseaux !

Livre …

Retenons

- Il existe différents types d'écrits, genres de livres ou de textes.

Certains nous font découvrir des histoires imaginaires : les romans, les contes, les pièces de théâtre, les poésies, les bandes dessinées, les albums.
D'autres nous permettent d'enrichir nos connaissances : les articles de journaux, les textes documentaires, les fiches de fabrication, les livres de classe.

- Pour savoir ce que contient le livre, il faut consulter le sommaire ou regarder les éléments présents sur les première et quatrième de couverture : le titre, la collection, les illustrations, le texte de présentation.

Je lis des énoncés et des consignes

Chapitre 2

Que sais-tu déjà ?

Activités de différenciation, Interlignes CE1 © Éditions Sed.

Et toi, peux-tu expliquer ce qu'il faut faire ?
Quelle différence fais-tu entre la phrase écrite en lettres rouges et le texte en dessous ?
Peux-tu trouver un écrit comme celui-ci ailleurs qu'à l'école ? Pourquoi ?

Comment distingues-tu l'énoncé et la consigne dans un exercice ?

Lecture 1

Énoncé

Consigne

1

Un village africain

Ses habitants vivent dans les cases faites de bois, de paille et de terre. Les hommes cultivent des céréales[1], des légumes. Les enfants, eux, gardent les animaux dans la savane[2] qui entoure le village ou ramassent le bois pour la cuisson du repas que préparent les femmes.

Qui prépare les repas ? ← Consigne

Les univers, Espace-temps CE1 © Éditions Sed.

2

Recopie uniquement les phrases interrogatives.

a. Les piétons traversent l'avenue. b. Les magasins sont-ils ouverts ? c. Préfères-tu prendre l'autobus ou le métro ? d. Mon père se gare le long du trottoir.

Interlignes CE1 © Éditions Sed.

[1] Des céréales : des graines de plantes qui servent à se nourrir.
[2] La savane : une grande prairie en Afrique.

Itinéraire A

1 **Dans quel domaine scolaire feras-tu chaque exercice ? *découverte du monde – arts visuels – français – mathématiques***

Exercice 1 : ...
Exercice 2 : ...

2 **Observe la consigne dans chaque exercice. Choisis les deux réponses justes.**

a. C'est toujours une question.
b. Elle est souvent en caractères de couleur ou en caractères gras.
c. Elle oblige l'élève à faire quelque chose.
d. C'est toujours une phrase qui donne un ordre.

3 **Complète chaque phrase avec le numéro de l'exercice qui convient.**

a. Dans l'exercice ..., la consigne est avant l'énoncé.
b. Dans l'exercice ..., la consigne est après l'énoncé.

Itinéraire B

1 **Comment se présente l'énoncé dans chaque exercice ? Associe les affirmations à l'exercice qui convient (exercice 1 ou exercice 2).**

a. C'est un texte sur la vie des Africains dans la savane.
b. Il y a des phrases qui se terminent par « . » ou « ? ».
c. Des lettres en couleur aident à se repérer dans l'exercice.
d. Il y a un titre.

2 **Selon toi, pourquoi l'énoncé est-il plus long que la consigne ?**

3 **Complète la phrase avec les mots : *consigne – énoncé.***

L'... est la partie de l'exercice qui permet de répondre à la ... .

•• Lecture 2

1

Combien de billets d'entrée faut-il acheter ?

a. Je **lis** tout l'énoncé avant de commencer la tâche.[1]

Les élèves de l'école des Marmottes vont visiter un musée.
CE1 A : 26 élèves et 3 adultes
CE1 B : 27 élèves et 3 adultes
CP / CE1 : 24 élèves et 2 adultes
L'entrée est gratuite pour les adultes qui accompagnent.

b. Je **calcule**.

c. Je **réponds**. ....

....

Calcul posé de sommes

Classe Maths CE1 © Éditions Sed.

1 La tâche : le travail à faire.

2 Suffisamment : assez.

2

En classe de neige

Madame Skivite a organisé sa classe en 4 groupes de 6 élèves.

Calcule :
- le nombre d'élèves : ....
- le nombre de paires de skis : ....
- le nombre de paires de gants : ....
- le nombre de bonnets : ....

Y aura-t-il suffisamment[2] de matériel pour tous les élèves ? Tu peux utiliser les tables de multiplication.

Réponse : ....

Maths + CE1 © Éditions Sed.

Itinéraire A

1 **Relève les consignes de ces problèmes mathématiques. Quels indices as-tu utilisés ?**

2 **Retrouve pour chaque phrase le numéro du problème qui convient.**
problème 1 – problème 2

a. L'énoncé est composé d'un texte et d'une illustration.
b. Les données importantes sont écrites en gras dans l'énoncé.

3 **Complète la phrase avec les mots : *verbe – question*.**

Les consignes sont variées : elles peuvent être une ... ou commencer par un ... qui donne un ordre.

Itinéraire B

1 **Associe chaque affirmation au mot qui convient : *énoncé – consigne*.**

a. Le texte comporte des nombres.
b. Les phrases comportent les pronoms personnels *je* ou *tu*.
c. Le texte présente des personnages et des événements.
d. Une question indique ce qu'il faut calculer.

2 **Comment repères-tu sur l'illustration du problème 2 les données qui te permettent d'effectuer des calculs ?**

3 **Ces deux énoncés de problème présentent des situations de la vie courante : lesquelles ?**

Comment lis-tu une consigne ?

Lecture 1

1

Qui a le plus de billes ? Qui a le moins de billes ?

a. Je **lis** tous les indices avant de commencer la tâche.
- Lilou a 12 billes, Fripon en a 5, Caramel en a 7.
- Lilou en donne 2 à chacun des autres.
- Caramel en donne 1 à chacun des autres.

b. Je **calcule**.

c. Je **réponds**.

C'est .... qui a le plus de billes.

C'est .... qui a le moins de billes.

Calcul réfléchi : sommes et différences

Classe Maths CE1 © Éditions Sed.

2

Transforme les phrases comme dans l'exemple.

Exemple : Le judoka ***tente*** *une prise. → Les judokas* ***tentent*** *une prise.*

a. L'escrimeur **observe** son adversaire.

b. La compétition se **déroule** en France.

c. Le joueur **lance** la balle dans le panier.

d. La moto **démarre** au signal.

Que remarques-tu quand tu prononces les verbes ?

Interlignes CE1 © Éditions Sed.

Itinéraire A

1. **Associe les mots des consignes au domaine scolaire : mathématiques ou français.**
le plus – je calcule – les phrases – les verbes – le moins

2. **Relève tous les verbes qui t'indiquent ce que tu dois faire.**

Exercice 1	Exercice 2
...	...

Quel verbe indique que l'une des tâches se fait à l'oral ?

3. **À quoi sert l'exemple dans l'exercice 2 ?**

Itinéraire B

1. **Comment sais-tu qu'il faut donner deux réponses dans l'exercice 1 ?**

2. **Associe les phrases au verbe qui convient.**
je transforme – je calcule

a. Je dois additionner.

b. Je dois chercher le pluriel des mots soulignés.

c. Je dois faire une soustraction.

d. Je dois changer la forme du verbe.

3. **Explique pourquoi la question de l'exercice 2 se trouve après l'énoncé et pas avant.**

•• Lecture 2

Fais pousser des fleurs sans terre

Un bulbe, ça ressemble à un gros oignon tout sec et pas très appétissant. Il ne faut surtout pas le manger car on pourrait être malade. Mais si tu l'arroses, il donnera peut-être des fleurs magnifiques.

Il te faut :

- un bulbe d'Amaryllis ❶ ou de jacinthe ❷ (on en trouve dans les jardineries)
- un bocal en verre (le bulbe doit tenir dessus, les racines dans l'eau)
- une grande bande en carton pour mesurer ta plante
- un crayon

À toi de jouer !

1 Pose le bulbe sur le bocal plein d'eau. L'eau doit arriver au ras des racines, sans toucher le bulbe.

2 Observe la plante grandir : mesure-la et dessine-la chaque semaine. Ajoute de l'eau si nécessaire.

Expériences avec les plantes, coll. « Croq'sciences », Delphine Grinberg et Vincent Mathy © Éditions Nathan.

❶ Une amaryllis : une plante avec de grandes fleurs rouges, roses ou jaunes.

❷ Une jacinthe : une plante à fleurs en grappes de couleur mauve, blanche ou rose.

Itinéraire A

❶ À quoi vois-tu que les consignes te demandent de réaliser une expérience en sciences ? Choisis les trois réponses justes.

a. Les mots appartiennent au champ lexical des plantes.
b. Les illustrations servent à décorer la page.
c. Il y a les numéros des étapes.
d. La durée de l'expérience est indiquée.

❷ De quel matériel as-tu besoin pour répondre à la partie de la consigne suivante : *mesure-la et dessine-la* ?

❸ Combien de temps dois-tu observer la plante grandir ?

a. 6 jours b. 11 jours c. 20 jours

Itinéraire B

❶ Quel est le sens de l'expression *À toi de jouer !* dans la consigne ?

a. Tu vas t'amuser à jardiner.
b. Tu vas réaliser toi-même l'expérience.

❷ Classe les verbes de la consigne dans le tableau.

Je réalise l'expérience	J'écris sur mon cahier d'expériences
…	…

❸ Que permet de prouver cette expérience ?

Comment réponds-tu à une consigne ?

- **Lecture 1**

Page du manuel

Les hommes

La population européenne est surtout blanche. Mais la couleur des cheveux et des yeux, la taille varient beaucoup d'un individu à l'autre et d'une région à l'autre. On parle de très nombreuses langues en Europe.

Visages d'Europe :

A Russie
B Russie
C Pologne
D France
E Suède
F Norvège
G Espagne
H République tchèque
I Irlande
J Ukraine

LES HOMMES

1 Comment est la population européenne ? ....

2 Cite les différentes couleurs de cheveux que l'on peut voir en Europe. ....

....

Page du fichier

Les Univers, Espace-temps CE1 © Éditions Sed.

Itinéraire A

1 **Quel indice te permet de savoir que les consignes de la page du fichier se rapportent à l'énoncé de la page du manuel ?**

2 **De quelle manière vas-tu répondre aux consignes ?**

a. en dessinant b. en écrivant c. en parlant

3 **Associe chaque consigne à la tâche que tu dois faire : *consigne 1 – consigne 2.***

a. écrire une liste de mots à partir des photographies
b. recopier une partie du texte

Itinéraire B

1 **Comment vas-tu répondre à la consigne 1 ?**

a. en recopiant une phrase du texte
b. en rédigeant une réponse à partir de l'observation des photos
c. en inventant une réponse à partir de ce que tu sais

2 **Où vas-tu trouver dans l'énoncé l'information qui te permet de répondre à la consigne 2 ?**

a. dans le texte b. sur les photos c. dans les légendes

3 **À quoi sert la liste des pays ?**

Je prononce avant de lire

• européenne – la couleur – des cheveux – des yeux – nombreuses – Europe

•• Lecture 2

Colonne

Les élèves de CE1 ont fait un sondage[1] sur les animaux préférés des élèves. Chaque élève a répondu. Je **lis** les réponses dans le tableau.

Ligne

	Grands de maternelle	CP	CE1
chat	12	9	16
hamster	8	1	6
chien	14	9	15
poisson	5	12	10
lapin	10	18	2

• Je **réponds** aux questions.

Quel est l'animal préféré des grands de maternelle ? ....

Quel est l'animal le moins aimé des CP ? ....

Combien d'élèves de CE1 préfèrent le poisson ? ....

• Je **montre** mon calcul et je **réponds**.

Combien d'élèves en tout préfèrent le chien ? ....

....

Combien y a-t-il d'élèves en CE1 ? ....

....

Classe Maths CE1 © Éditions Sed.

[1] Un sondage : une enquête que l'on fait auprès des gens pour savoir ce qu'ils pensent de quelque chose.

Itinéraire A

1 **Associe ce que tu dois faire à la question qui convient.**
Quel est l'animal le moins aimé des CP ?
Combien d'élèves de CE1 préfèrent le poisson ?
a. J'écris un nombre. b. J'écris le nom d'un animal.

2 **Relève les questions pour lesquelles la réponse sera un mot.**

3 **Quel mot dans les questions indique que la réponse sera un nombre ?**

Itinéraire B

1 **Comment dois-tu lire le tableau pour répondre aux deux dernières questions ?**
a. Pour la question ..., je cherche dans la colonne qui convient. b. Pour la question ..., je cherche dans la ligne qui convient.

2 **Que signifie la consigne : *Je montre mon calcul* ?**
a. que l'on n'a pas confiance en toi b. qu'il est nécessaire de faire une opération pour répondre

3 **Quelles consignes demandent d'effectuer le plus de tâches ? Explique pourquoi.**

Andy Warhol était un artiste américain. « Faites-le vous-même » est une œuvre qui n'est pas terminée. Le peintre invite le spectateur à terminer le tableau, en choisissant lui-même le code des couleurs selon les chiffres indiqués.
Il se moque ainsi des artistes qui se prennent trop au sérieux et invite tout le monde à faire de l'art.

Andy Warhol, *Do it yourself-Sailboats*, 1962 © The Andy Warhol Foundation for the Visual Arts, Inc / ADAGP Paris 2013 / AKG Images.

1. **As-tu déjà rencontré en classe des activités qui te proposent de colorier selon une couleur ? Lesquelles ? Comment faut-il faire ?**
2. **Décris le paysage que le peintre a commencé à représenter.**
3. **Combien de couleurs le peintre a-t-il utilisées ? Combien de couleurs pourrait-on utiliser si tu observes bien les numéros ?**
4. **Avec ton voisin, imagine comment vous pourriez compléter cette peinture.**

Oral

Lire à haute voix

Pour bien lire les exercices, voici ce que tu peux faire.

a. Lis d'abord silencieusement l'exercice.
b. Retrouve l'énoncé et la consigne.
c. Repère les signes de ponctuation.
d. Entoure en noir les points de fin de phrase, en rouge les points d'interrogation, en bleu les virgules.
e. Mets une flèche à côté des points d'interrogation car la voix monte en fin de phrase. *Exemple* : « Combien de souris le chat a-t-il avalées ? » ↗
f. Repère s'il y a un ou plusieurs verbes dans la consigne, souligne-les : ainsi tu sauras s'il y a une ou plusieurs choses à faire. Insiste sur les verbes en marquant une pause quand tu les lis. *Exemple :* « Je recopie chaque liste sur mon cahier et je barre les intrus. »
g. Vérifie que tu as compris tous les mots de l'énoncé.

1 **Exerce-toi maintenant sur ces exercices.**

Combien y a-t-il de cartes dans la pioche ?

Ballix et ses amis jouent au rami avec un jeu de 54 cartes.
Ballix distribue 28 cartes entre les joueurs.
Il met les cartes qui restent dans la pioche.

Je montre mon calcul et je réponds.

A

Classe Maths CE1 © Éditions Sed.

Au stade

Ce matin à 10 heures, Malik est allé au stade pour s'entraîner. Il a effectué 4 tours de piste, puis il s'est reposé 15 minutes. Ensuite, il a effectué 7 autres tours.
Combien de tours de piste Malik a-t-il effectués ?

B

Maths + CE1 © Éditions Sed.

Recopie uniquement les phrases interrogatives.

– Où se trouve la mairie ?
– Prenez la rue à gauche du square.
– Est-ce loin ?
– À cinq minutes à pied.
– Savez-vous si elle est encore ouverte ?

Lis ce dialogue à haute voix.
Que remarques-tu ?

C

Interlignes CE1 © Éditions Sed.

Prendre la parole devant le groupe

2 **Lis la consigne. Observe les figures dans les cases. Retrouve la case qui correspond à la consigne et explique pourquoi tu l'as choisie.**

Consigne : Trace un carré. Trace un cercle à gauche du carré. Dans le cercle, trace un triangle. Colorie en vert le carré.

3 **Observe l'illustration du jeu du portait. Explique la règle du jeu à tes camarades.**

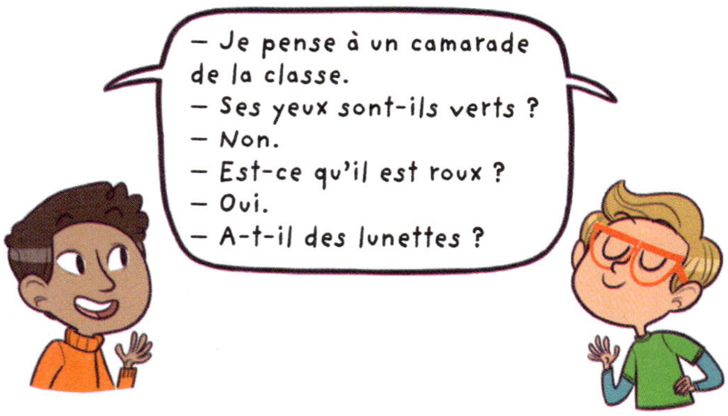

Présenter son travail

4 **Recherche dans ton fichier de mathématiques des consignes où il n'y a qu'un verbe qui indique ce qu'il faut faire et des consignes où il y a deux verbes. Lis ces consignes en insistant oralement sur les verbes et demande ensuite à tes camarades d'expliquer ce qu'il faut faire.**

Exemples de consignes :

a. Je colorie selon le code.
b. Relie les étiquettes qui vont ensemble.
c. Range les nombres 17, 8, 13 et 15 du plus petit au plus grand.
d. J'observe le modèle et je le reproduis sur le quadrillage.
e. Je cherche le double de chaque nombre et j'écris le résultat en lettres.
f. Compte les objets, puis place les nombres sur la droite graduée.

5 **À deux, aidez le maître à expliquer les consignes suivantes.**

a. Écrivez les mots difficiles, puis illustrez-les pour vous aider à les retenir.
b. Colorier la savane sur la carte en orange. Chercher la définition du mot « savane ».
c. Place chaque vignette sur la frise en traçant des flèches.
d. Barre les mots où l'on ne prononce pas [s].
e. Complète le texte à trous en écrivant correctement les mots dont les lettres ont été mélangées. Ajoute les accents si nécessaire.

La langue au service des textes

6 **Relève le verbe qui indique ce que tu dois faire dans chaque phrase.**

a. Barre l'intrus sur chaque ligne.
b. Reliez chaque mot à sa définition.
c. Classer les mots dans le tableau.
d. Tu marques l'angle droit en rouge.
e. Lire à voix haute.
f. J'observe la suite des nombres.

7 **Repère les phrases qui se terminent par un point d'interrogation.**

a. Quelle distance parcourt-il ?
b. Range les nombres du plus petit au plus grand.
c. Je trouve le nom des objets dessinés.
d. Quel est le personnage ?
e. Tu entoures les majuscules et les points.

8 **Choisis la phrase qui correspond à l'illustration.**

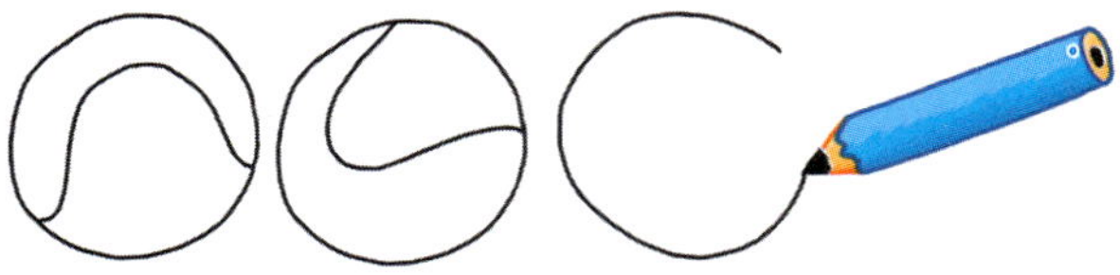

a. Je colorie les balles. b. Je dessine les balles.

9 **Choisis la phrase qui correspond à l'exemple.**

Exemple : Il promène son chien.

a. J'encadre le dernier mot de la phrase.
b. J'entoure le dernier mot de la phrase.

10 **Retrouve le sens des mots de cet exercice.**
a. journalière b. le fourrage c. la masse

1. la quantité
2. chaque jour
3. l'ensemble des plantes qu'on donne à manger aux animaux

Le repas des animaux

Calcule et réponds aux questions.

- Quelle est la masse de fourrage nécessaire pour nourrir les zèbres chaque jour ?
....
- Combien de bananes un singe mange-t-il par jour ?
....
- Combien de tigres y a-t-il au zoo ?
....

Ateliers sur les notions

11 Associe chaque consigne à la discipline qui convient.

Calcule le nombre d'objets.	orthographe
Cherche le nom des personnages de l'histoire.	géométrie
Trace un trait qui passe par les trois points rouges alignés.	écriture
Entoure les mots avec le son [o].	calcul
Recopie la phrase.	lecture

12 Complète les consignes avec les verbes suivants.
reproduis – colorie – découpe – repère

a. Avec les ciseaux, ... le modèle.
b. Avec le papier calque, ... la figure.
c. Avec un crayon de couleur bleue, ... tous les carrés.
d. Avec le gabarit, ... l'angle droit.

13 Associe le verbe de la consigne au matériel qui correspond.

a. tracer b. dessiner c. découper d. coller e. calculer
f. effacer g. surligner

1. un crayon à papier 2. une paire de ciseaux
3. une règle 4. une gomme 5. un stabilo
6. une calculatrice 7. un tube de colle

14 Trouve pour chaque énoncé la consigne qui convient.

a. <u>Bientôt</u> je passerai en CE2.
b. Les 23 élèves de la classe ont reçu chacun 3 cahiers.
c. 5 – 3 – 9 – 12 – 41 – 34
d. Lesélèvesécoutentlamaîtresse.

1. Recopie en séparant les mots.
2. Classe le mot souligné dans le tableau suivant.

passé	présent	futur
...	...	...

3. Range les nombres du plus petit au plus grand.
4. Calcule le nombre de cahiers distribués.

Écrire pour mieux lire

15 Complète par des verbes le tableau des consignes pour la classe de CP. Aide-toi des illustrations.

Exemples :

Entoure *Coche*

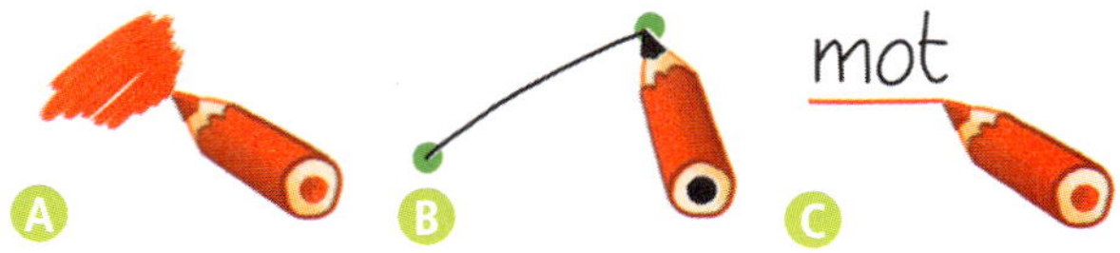

16 Complète le texte des consignes pour réaliser cette carte. Tu peux t'aider des mots suivants.
complète – colorie – pointillés – légendes – orange

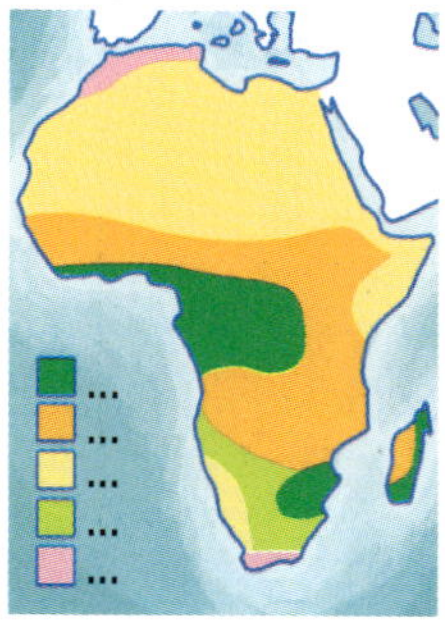

... la carte.
... en jaune le désert.
Colorie en vert la forêt tropicale.
Colorie en ... la savane.
Écris les ... sur les ... .

17 Écris les consignes pour réaliser cette expérience. Aide-toi des illustrations.

Le froid rend solide.
Matériel : une bouteille en plastique vide.

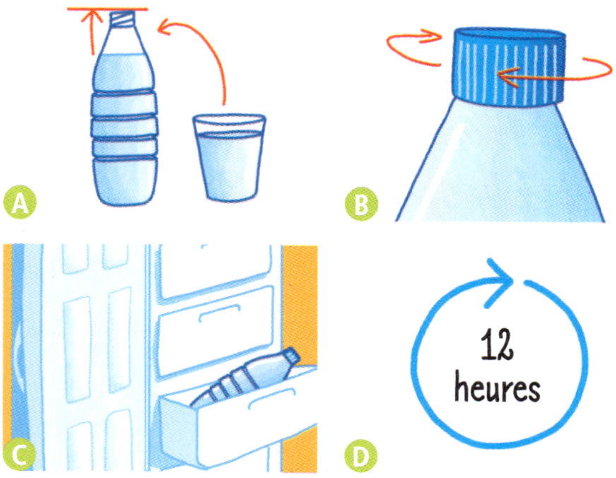

As-tu bien compris ?

Réponds par Oui ou Non.

a. Il faut lire attentivement l'énoncé pour répondre à la consigne.
b. Une consigne est toujours une phrase qui commence par un verbe.
c. L'énoncé peut se présenter aussi sous la forme d'un dessin.

Observe le dessin. Lis les trois consignes.

A Dessine une maison avec une cheminée sur le toit. De la fumée s'en échappe. Devant la maison une voiture jaune. Dans le ciel, il y a le soleil, deux nuages, un avion et deux oiseaux.

B Dessine une maison avec une cheminée sur le toit. De la fumée s'en échappe. Devant la maison une voiture bleue. Dans le ciel, il y a le soleil, deux nuages, un avion et trois oiseaux.

C Dessine une maison avec une cheminée sur le toit. De la fumée s'en échappe. Devant la maison une voiture bleue. Dans le ciel, il y a le soleil, trois nuages, un avion et deux oiseaux.

Acticlasse Cycle 2 © Éditions Sed.

1 Quelle consigne a permis de réaliser le dessin ? Explique pourquoi.

2 Quel verbe indique la tâche à effectuer ?

Retenons

- Dans un exercice, il y a une consigne et un énoncé.
- La consigne indique ce qu'il faut faire. Elle peut être une phrase qui donne un ordre ou qui pose une question.
- Dans l'énoncé, on trouve les informations qui servent à répondre à la consigne. Ces informations peuvent se présenter sous des formes variées : un texte, des mots, des phrases, un tableau, une illustration…

Chapitre 3

Je lis des textes documentaires

Que sais-tu déjà ?

Les pirates, Stéphanie Ledu et Roland Garrigue, Mes p'tits DOCS © Éditions Milan.

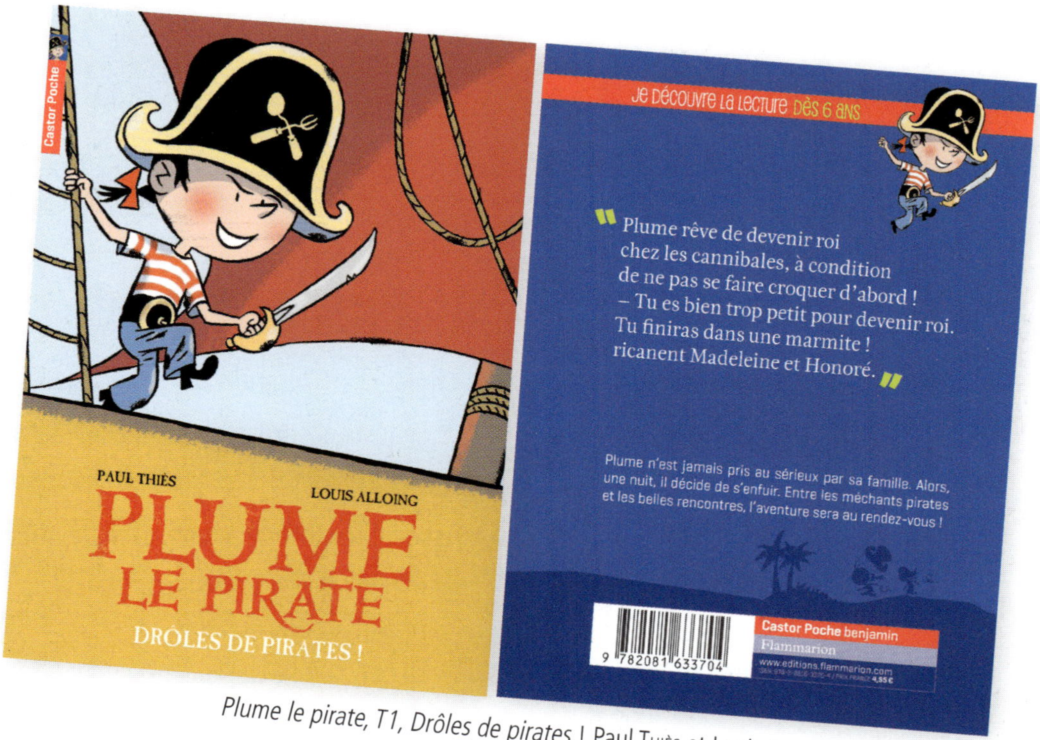

Plume le pirate, T1, Drôles de pirates ! Paul Thiès et Louis Alloing © Flammarion.

Et toi, lequel de ces deux livres choisirais-tu pour cet exposé ?

Comment identifies-tu un texte documentaire ?

• Lecture 1

1 Le hérisson est un petit animal qui mange des araignées, des hannetons[1] et des fourmis. Son poids peut doubler l'hiver. Dès le printemps et jusqu'aux premiers froids, il passe ses nuits à chasser car il doit avoir assez de réserves pour survivre à la saison froide sans manger ! Pour se défendre, il se roule en boule et son manteau de piquants effraie ses prédateurs[2].

[1] Des hannetons : des insectes roux qui font du bruit en volant.

[2] Des prédateurs : des animaux qui en chassent d'autres pour se nourrir.

2 *Un fermier et sa femme ne peuvent pas avoir d'enfants. La fermière dit à son mari qu'un hérisson ferait l'affaire.*

Mais la fermière continuait son rêve à haute voix :
– Oui, un hérisson, qui nous appellerait Papa, Maman !
À peine eut-elle fini sa phrase qu'ils entendirent un bruit étrange dans le four à pain. Le fermier ouvrit la porte. Et que vit-il ? Un hérisson ! Parfaitement, un hérisson, tout gris et plein de piquants !
L'adorable bestiole[1] pointa son museau vers le couple et balbutia[2] :
– Papa ! Maman !

Un époux piquant, in *Mille ans de contes d'animaux*, Chloë Moncomble © Éditions Milan.

[1] Une bestiole : une petite bête.

[2] Balbutia : bafouilla.

Itinéraire A

1 **Dans quel texte apprends-tu que le hérisson est un petit animal qui mange des fourmis ?**

2 **Comment sais-tu que dans le texte 2, le hérisson n'est pas un animal réel ?**

3 **Complète chaque phrase avec le numéro qui correspond à chaque texte.**

a. Je lis le texte ... pour construire des connaissances.
b. Je lis le texte ... pour découvrir une histoire.

Itinéraire B

1 **Choisis l'affirmation qui convient.**

a. Le texte 1 explique la vie d'un hérisson particulier.
b. Le texte 1 explique la vie des hérissons en général.

2 **Associe les informations au texte qui convient (texte 1 ou texte 2).**

a. Le hérisson chasse la nuit.
b. Le hérisson se cache dans le four à pain.
c. Le hérisson mange des insectes.
d. Le hérisson trouve des parents.

3 **Pendant quelles activités lis-tu des textes documentaires à l'école ?**

•• Lecture 2

1

Le chat est un mammifère. Quand il est domestiqué[1], il se laisse caresser. Le chat mange de la viande. Il aime sortir la nuit pour chasser. Les yeux du chat voient flou ce qui est très proche de lui et net ce qui bouge.

Comme tous les félins[2], le chat marche sur l'extrémité[3] de ses pattes.

Il communique en ronronnant et en miaulant. S'il est attaqué, le chat gronde et crache.

2

Histoires de chats, Michel Piquemal et Régis Delpeuch

[1] Domestiqué : apprivoisé.

[2] Les félins : les animaux qui appartiennent à la famille du chat.

[3] L'extrémité : le bout.

Itinéraire A

1 Choisis l'affirmation qui convient.

Les illustrations du texte 1 :

a. montrent un chat réel. b. montrent un chat qui parle et marche sur deux pattes.

2 Dans quel texte apprends-tu comment vivent les chats ?

3 Complète chaque phrase avec le numéro du texte.

Le texte ... est une bande dessinée.

Le texte ... est un documentaire.

Itinéraire B

1 Des ressemblances existent entre les chats des deux textes. Retrouve les deux réponses justes.

a. Le chat est un chasseur.

b. Le chat parle pour communiquer.

c. Le chat marche sur deux pattes.

d. Le chat miaule.

2 Quel texte t'apporte des connaissances sur les chats ?

3 Comment fais-tu la différence entre un texte documentaire illustré et une bande dessinée ?

• Lecture 1

La Terre, coll. « Les p'tits savants » © NGV.

❶ Instructifs : qui apportent des connaissances.

❷ Ludique : amusant.

Itinéraire A

❶ À quoi vois-tu que c'est un livre documentaire ? Retrouve deux indices sur la couverture.

a. Il y a un résumé de l'histoire.

b. Tu lis le mot « documentaire » sur la quatrième de couverture.

c. Il y a des jeux.

d. Le titre parle de choses réelles.

❷ Que vas-tu apprendre en lisant ce livre ? Où trouves-tu ces informations ?

❸ Comment sais-tu que ce livre est adapté aux enfants de ton âge ?

Itinéraire B

❶ Quel mot dans le nom de la collection « Les p'tits savants » t'indique qu'il s'agit d'un livre documentaire ?

❷ « Où vit l'ours polaire ? » est une des questions à laquelle répond ce livre. À ton tour, invente trois questions en t'aidant des illustrations.

❸ Dans cette liste de mots écrits sur la quatrième de couverture, retrouves-en trois qui montrent qu'il s'agit d'un livre documentaire.

la connaissance – ludique – un dessin – la découverte – instructif

•• Lecture 2

Bobos et maladies, Christine NAUMANN-VILLEMIN, ill. Stéphanie RONZON, coll. « Mes p'tites questions » © Éditions Milan.

Itinéraire A

1 Relève deux indices sur la couverture qui t'indiquent qu'il s'agit d'un livre documentaire.

2 À quelles questions ce livre documentaire répond-il ? Choisis les deux réponses justes.

a. Les enfants vont-ils tous à l'école ?
b. Comment le docteur devine-t-il les maladies ?
c. Pourquoi a-t-on mal ?
d. Les jeux de ballon sont-ils dangereux ?

3 Complète le texte en t'aidant de la quatrième de couverture. Utilise les mots : *connaissances* – *illustrations*.

Dans ce livre documentaire, on trouve des textes et des ... qui apportent des ... sur le thème des bobos et des maladies.

Itinéraire B

1 Explique pourquoi cette collection de livres documentaires s'appelle « Mes p'tites questions ».

a. Tu trouves des réponses aux questions que tu te poses sur les maladies.
b. Le titre du livre est une question.
c. C'est une collection pour les enfants.
d. Les questions sont courtes.

2 Observe l'illustration de la couverture et trouve des exemples de maladies et de bobos.

3 Comment sélectionnes-tu un livre documentaire ? Complète le texte avec les mots suivants : *titre* – *collection* – *quatrième de couverture*.

Pour sélectionner un livre documentaire, je regarde le ... . Je lis la ... pour savoir si le livre répond à mes questions. Dans la même ... , je peux trouver des connaissances sur d'autres thèmes.

• Lecture 1

L'incinération

Certains déchets ne sont pas enfouis mais brûlés dans un incinérateur.

1. Les déchets sont déversés dans une grande fosse.

2. Un grappin saisit les déchets et les jette dans un grand four.

3. Puis on emporte les cendres dans un centre d'enfouissement[1].

4. La fumée du feu est évacuée[2] par une haute cheminée.

L'air chaud produit par l'incinérateur permet de chauffer des maisons et des piscines.

Cet ouvrier travaille à l'incinérateur : il surveille le four où brûlent les déchets. Un casque à visière protège son visage.

Les déchets et le recyclage, Stéphanie Turnbull, trad. de Pascal Varejka, ill. Christyan Fox © Éditions Usborne.

❶ L'enfouissement : vient du verbe *enfouir* qui signifie *enterrer*.

❷ Évacuée : rejetée.

Itinéraire A

1. **Les lettres du mot *incinération* sont plus grandes que les autres. Pourquoi ?**
2. **Pour comprendre le sens du mot *incinération*, que dois-tu faire ?**
   a. Lire seulement le texte.
   b. Regarder seulement les illustrations.
   c. Lire le texte en t'aidant des illustrations.
3. **Comment repères-tu l'ordre dans lequel tu dois lire les informations sur la page de gauche ?**
4. **Décris la tenue de l'ouvrier qui travaille dans un incinérateur.**

Itinéraire B

1. **Quel est le thème du texte ? Comment le repères-tu ?**
2. **Observe les étapes de l'incinération. Réponds aux questions.**
   a. À quoi sert un incinérateur ?
   b. Qu'est-ce qu'un grappin ?
   c. Comment sont transportés les déchets ?
   d. Qu'est-ce qu'une fosse ?
3. **Dans quel lieu l'ouvrier est-il photographié ?**
4. **Que nous explique le dessin de la piscine sur la page de droite ?**

• l'incinération – l'incinérateur – une fosse – la cendre – un centre – l'enfouissement – une piscine •• elle descend – il transforme – ils s'assombrissent – il commence

•• Lecture 2

Il pleut !

La pluie est l'eau qui vient des nuages. L'eau monte et descend en un cycle[1] sans fin.

La pluie tombe des nuages dans des lacs et des flaques.

Le soleil sèche les flaques et transforme l'eau en un gaz[2] invisible appelé vapeur.

La vapeur d'eau s'élève dans le ciel où elle se refroidit pour former des nuages.

Les nuages s'assombrissent et il commence à pleuvoir.

12

Météo, je veux tout savoir, trad. Christine Prigent © Éditions Gallimard Jeunesse © Dorling Kindersley / Penguin.

1 Un cycle : une suite d'événements qui se répètent toujours dans le même ordre.

2 Du gaz : une matière que l'on ne voit pas.

Itinéraire A

1 Quel est le titre de ce documentaire ? Comment le repères-tu ?

2 Retrouve la phrase du documentaire qui correspond à la photographie.

3 Choisis l'ordre des événements qui convient.

a. La vapeur formée monte dans le ciel. Il pleut. Les nuages s'assombrissent. Le soleil sèche les flaques.

b. Le soleil sèche les flaques. La vapeur formée monte dans le ciel. Les nuages s'assombrissent. Il pleut.

Itinéraire B

1 Dans quel ordre lis-tu ce documentaire ? Retrouve les deux phrases qui l'expliquent.

a. En commençant par les photographies.

b. En commençant par le texte écrit plus gros, situé au centre.

c. En suivant le sens de la flèche.

2 Comment se forme un nuage ?

3 Pourquoi les informations sont-elles présentées sous forme de cercle ?

a. Le trajet de l'eau dans la nature ne s'arrête jamais.

b. Le trajet de l'eau dans la nature est toujours différent.

Quelle est la phrase du document qui l'explique ?

Lecture

30 Le finale

Monsieur Loyal annonce la fin du spectacle. Au cirque comme au théâtre, le salut final est de tradition[1]. Tu vas pouvoir revoir tous les artistes qui t'ont fait rêver.

❶ **Une tradition** : une coutume, une habitude.

❷ **N'est pas improvisé** : est préparé.

❸ **La funambule** : l'artiste qui marche sur un fil.

❹ **La contorsionniste** : l'artiste qui peut se tordre dans tous les sens.

Je prononce avant de lire • Monsieur Loyal – le théâtre – la tradition – le dompteur – l'écuyère – un orchestre

Pendant tout le spectacle, le chef d'orchestre a su mettre en valeur le travail des artistes et adapter la durée du morceau à chaque numéro.

Une grande famille

Pour réaliser les exploits que tu as vus, les artistes doivent avoir une confiance totale dans le travail de chacun. Du directeur au garçon d'écurie, de la couturière au monteur, ils ont tous participé au spectacle et appartiennent tous à la grande famille du cirque.

Le spectacle fini, les artistes vont retirer leurs habits de scène, se démaquiller, se doucher avant d'aller se reposer.

Les monteurs démontent le chapiteau. Demain, le cirque ira s'installer dans une autre ville.

Le cirque, Joss Berger, ill. Aurélie Guillerey © Éditions Milan / Éditions Sed.

Comment lis-tu un texte documentaire ?

Itinéraire A

1 **À quel moment du spectacle se déroule le finale ?**

2 **Observe l'illustration pages 54-55. Associe chaque artiste à ce qu'il fait pendant le spectacle.**

Les augustes •	• Elle marche sur un fil au-dessus du vide.
L'écuyère •	• Il présente les numéros.
Monsieur Loyal •	• Elle fait des acrobaties sur le dos d'un cheval.
La funambule •	• Ils font rire les enfants avec leur nez rouge.

3 **Choisis la légende qui complète l'image ci-dessous : *les jongleurs – les acrobates.***

4 **Retrouve le mot qui manque dans chaque phrase.**

- Les … font une série de sauts avant de saluer.
- Chaque numéro est accompagné par de la musique que joue l'… .
- Le finale est organisé : les artistes saluent toujours dans le même … .

5 **Que font les artistes après le spectacle ? Dans quelle partie du documentaire l'apprends-tu ?**

6 **Que font les monteurs ?**

Itinéraire B

1 **Choisis pour chaque mot la définition qui convient : *le finale – la finale.***

a. dernière épreuve d'une compétition

b. retour de tous les artistes à la fin du spectacle pour saluer le public

2 **Observe l'illustration pages 54-55. Indique pour chaque numéro de cirque les noms des artistes.**

a. numéro de clowns

b. numéro avec des animaux

c. numéro avec des balles

3 **Retrouve la légende qui complète l'image ci-contre.**

4 **L'ensemble du documentaire est sur fond rouge. Selon toi, pourquoi la partie à droite n'est-elle pas sur fond rouge ?**

5 **Quels métiers, autres qu'artistes, peut-on exercer dans un cirque ?**

6 **Où vivent les artistes du cirque ? À ton avis, pourquoi ?**

A

B

C

Comment trouves-tu une information dans un texte documentaire ? 3

• Lecture

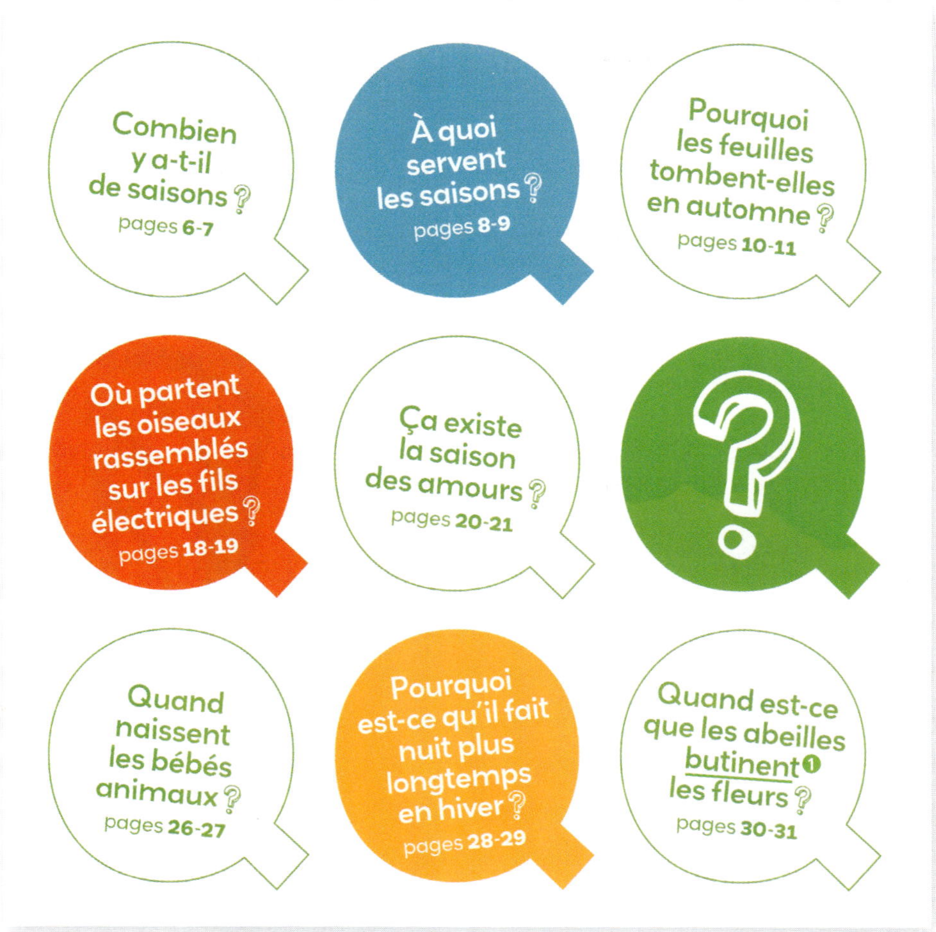

[1] Butinent : prennent leur nourriture sur les fleurs.

Les saisons, Pascale Hédelin et Maud Legrand, coll. « Mes p'tites questions » © Éditions Milan.

Itinéraire A

1 Lis ce sommaire. Quel est le thème de ce livre documentaire ?

a. Les animaux de la forêt.
b. Les fleurs.
c. Les saisons.

2 Cite deux titres de chapitres de ce sommaire.

3 À quoi sert au lecteur le numéro des pages en-dessous des titres de chapitres ?

a. À retrouver plus rapidement une information.
b. À compter le nombre de pages du livre.

4 À quelle page commence le chapitre qui parle de la saison des amours ?

Itinéraire B

1 Recherche dans le sommaire le titre du chapitre correspondant à chacune de ces informations.

a. Il y a plusieurs saisons.
b. Les bébés animaux naissent à une période précise de l'année.
c. Les arbres perdent leurs feuilles en automne.

2 Quelle est la forme des dessins dans lesquels se trouvent les titres de chapitres ? Pourquoi ?

3 Retrouve les deux phrases qui expliquent comment chercher rapidement une information.

a. Tu lis tout le livre.
b. Tu consultes le sommaire.
c. Tu vas directement au numéro de la page.
d. Tu tournes au hasard les pages.

Tu lis des images

Cette page est extraite d'un album sur les animaux.

C'est l'heure de manger, Steve Jenkins et Robin Page © Éditions Circonflexe.

1. Lis le texte et observe l'illustration. Quelles informations du texte retrouves-tu dans le dessin ?
2. Observe le dessin et la photographie de l'animal. Le dessin ressemble-t-il à l'animal réel ? Justifie ta réponse.
3. Quelle image préfères-tu ? Pourquoi ?

Un aye-aye.

Oral

Lire à haute voix

Pour bien lire certains mots que tu ne connais pas ou qui sont difficiles à prononcer, voici ce que tu peux faire :

a. Lis d'abord silencieusement le texte.
b. Souligne les mots que tu trouves difficiles.
c. Décompose ces mots en syllabes orales.
d. Repère les lettres qui ne se prononcent pas.
e. Entraîne-toi à lire ces mots plusieurs fois à haute voix.

1 Aide-toi d'un mot simple de la même famille.
Exemple : une torsion → la contorsionniste.

... → le dompteur – ... → l'équilibriste

2 Découpe les mots en syllabes orales.
Exemple : in/vi/sible.

s'assombrissent – nocturne – s'agrippent – suspendues

3 Retrouve le son commun à tous les mots.

a. s'assombrissent – fosse – piscine – cendres – hérisson – croissance – descend – enfouissement
b. lac – flaque – nocturne – casque

4 Attention, les lettres soulignées ne se prononcent pas toutes de la même façon. Parfois, on n'entend rien.

ils tombent – souvent – ils naissent – parfaitement – ils partent – une dent – un document

Prendre la parole devant le groupe

5 Choisis un animal parmi les photos. Utilise les mots suivants pour le présenter.

carnivore – félin – Afrique – savane – chasser – crinière

A

B

C

6 Quelle image choisirais-tu pour illustrer ce texte documentaire ? Explique pourquoi.

Construite par Gustave Eiffel en 1889, pour l'Exposition universelle, la **tour Eiffel** est une tour de fer de plus de 300 mètres de hauteur située à Paris, en bordure de la Seine. Ce monument est devenu le symbole de Paris pour le monde entier.

A

B

Présenter son travail

7 Ce document explique la journée d'un écolier d'autrefois. À ton tour, cherche une image dans un livre ou sur Internet représentant un élève d'aujourd'hui. Présente ensuite ton image à tes camarades en la commentant.

En arrivant, Jean enfile sa blouse. Puis, il met sa gamelle avec son repas sur le poêle pour qu'elle reste au chaud. Le cours va commencer. Il n'y a qu'une classe de 52 élèves.

L'école, Didier Lévy et Delphine Renon © Éditions Nathan.

La langue au service des textes

8 **Chaque mot encadré remplace un groupe nominal pour éviter la répétition. Lequel ?**

Les briques

Elles sont fabriquées dans une usine. On fait une pâte avec de l'argile, puis on la verse dans des moules en forme de briques. Pour qu'elles soient bien solides, on les cuit dans des fours spéciaux quand elles sont sèches.

À ton tour, remplace le groupe nominal souligné pour éviter la répétition.

Lorsque l'eau s'évapore, l'eau se transforme en vapeur et s'élève dans le ciel. Là, l'eau se refroidit et se condense en gouttes d'eau.

9 **Observe les mots soulignés dans les deux textes. Comment sais-tu s'il s'agit d'un texte documentaire ou d'une histoire ?**

a. Le chat est un mammifère. Ce carnivore mange de la viande. Il aime sortir la nuit pour chasser. Comme tous les félins, le chat marche sur l'extrémité de ses pattes.

b. Pompon était un petit chat gourmand qui adorait boire du lait, mais détestait la viande de souris.

10 **Retrouve dans chaque phrase l'explication qui te permet de comprendre le mot souligné.**

a. Certains oiseaux commencent leur migration en automne : ils passent l'hiver au loin dans les pays chauds.

b. Les animaux nocturnes se cachent le jour et sortent la nuit.

c. Le renard, comme les autres carnivores, mange surtout de la viande qu'il trouve en chassant d'autres bêtes.

Ateliers sur les notions

11 **Associe à chaque lettre le mot qui convient.**

le titre – le texte – la photographie

a.

b. Le bambou, sa nourriture préférée !

c. Le panda géant consacre plus de la moitié de ses journées à manger du bambou.

12 **Associe chaque titre de livre documentaire au texte de la quatrième de couverture qui convient.**

Les robots	Sais-tu comment vivaient les chevaliers autrefois ?
Les châteaux forts	Grâce à cet album, les jeunes lecteurs découvriront comment ils naissent, grandissent et bougent.
Le corps	Les automates, les poupées mécaniques, etc. Tu apprendras tout sur ces machines incroyables !

13 **Le texte qui correspond à chaque image est-il placé au-dessus ou au-dessous de cette image ?**

Comment se reproduisent les ovipares ?

Les escargots s'accouplent.

La femelle pond des œufs.

Les petits escargots sortent des œufs.

Le coq et la poule s'accouplent.

La poule pond des œufs.

Les poussins sortent des œufs.

10

© Éditions Sed.

14 **Associe chaque question au chapitre qui convient.**

A. Pourquoi faut-il manger équilibré ?

B. Le soleil est-il dangereux ?

C. Est-ce qu'il faut faire du sport ?

D. Combien de temps le bébé reste-t-il dans le ventre de la mère ?

SOMMAIRE

Écrire pour mieux lire

15 **Écris les phrases de légende qui conviennent. Utilise les mots suivants :** *le plastique – les engrais – le pétrole.*

Les déchets qui polluent la mer

16 **Écris un texte documentaire à partir de la fiche d'identité.**

L'opossum

Particularité : fait le mort en cas de danger.
Menu : fruits, fleurs, vers, œufs, petits animaux morts et tout déchet à portée de pattes.
Catégorie : mammifère.
Habitat : dans les grands arbres d'Amérique.

Pour t'aider, voici un début de texte.

L'opossum

L'opossum est ... *qui vit* ... . *Il* ... .

17 **Écris la fin du texte pour expliquer pourquoi le 11 novembre est un jour férié. Utilise les expressions suivantes et aide-toi de la photographie :** *Première Guerre mondiale – armistice – tous ceux qui sont morts pour la France.*

Le 11 novembre

Le 11 novembre est un jour férié, c'est-à-dire un jour où la plupart des Français ne travaillent pas.
Mais que fête-t-on le 11 novembre ?...

As-tu bien compris ?

Réponds par Oui ou Non.

a. Un texte documentaire apporte des connaissances.
b. Les illustrations du texte documentaire permettent de mieux le comprendre.
c. Il faut lire tout le livre documentaire pour trouver les informations que l'on recherche.

Lis ce document.

Les pirates sont en mer presque tout le temps. Ils n'ont donc pas souvent de produits frais. Faute d'alimentation équilibrée, ils ont des boutons et souffrent du scorbut. Le scorbut est une maladie grave qui survient lorsque l'on manque de vitamine C.

Ils mangent beaucoup de poisson.

Ils mangent beaucoup de biscuits secs, souvent pleins d'asticots.

Ils boivent aussi beaucoup de rhum ou de punch. Ils les préfèrent à l'eau croupie contenue dans des barriques sur le pont.

Si j'étais un pirate, Alice Cœurdur et Marie Dupilon © Éditions Circonflexe.

1 **Qu'apprends-tu en lisant ce texte ?**

2 **Pourquoi certaines parties du texte sont-elles en gras ?**

3 **Quel titre donnerais-tu à ce texte ?**

Retenons

- Un texte documentaire apporte des connaissances sur un thème particulier.
- Pour choisir un livre documentaire, il faut regarder le titre et la collection sur la première et la quatrième de couverture.
- Le texte est souvent accompagné d'illustrations qui peuvent être des dessins ou des photographies.

Ces illustrations apportent aussi des informations.

- Pour trouver rapidement une information, il faut s'aider du sommaire.

Chapitre 4

Je nomme les différents textes littéraires

La Littérature

Le piège

La poursuite a commencé. Lucas n'est pas aussi discret que la louve. Malgré son poids léger, le sol craque sous ses pas. Tandis que Belle de Nuit se faufile adroitement entre les troncs, le garçon cherche son chemin. Les ronces agrippent ses jambes et les branches basses lui fouettent le visage.

Belle de Nuit, Blandine Lathuillière © Casterman.

le roman

Soleil

Soleil en terre tournesol
Dis-moi qu'as-tu fait de la lune ?
Elle est au ciel moi sur le sol
Mais nous avons même fortune
Car sur nous-mêmes nous tournons
Comme des fous au cabanon

Soleil de Robert Desnos, in *Chantefables, Chantefleurs* © Éditions Gründ.

la poésie

Arlequin *(d'une voix douce)* : Veux-tu venir au bal avec moi ?
Colombine *(rougissante)* : C'est que… Tu comprends… Je ne crois pas.
Arlequin *(d'un ton brusque)* : Quoi ! Qu'est-ce que tu veux dire ? Ne me dis pas que tu y vas déjà avec Pierrot ?
Colombine *(au bord des larmes)* : Ben si…

Texte écrit par les élèves de CM1C.

…

…

…

…

Il manque des textes sur l'affiche. Quels autres genres de textes ajouterais-tu ?

Sais-tu distinguer un album d'une bande dessinée ?

• Lecture

En effet, toutes les nuits,
la princesse se glissait hors du château,

pour s'exercer en secret aux techniques
que ses frères maîtrisaient[1] si bien.

Et elle finit par apprendre, à sa manière.
Sans crier, sans donner de coups d'éperons[2],

avec calme et douceur, dans le silence de la nuit.

Le mystérieux chevalier sans nom, Cornelia Funke et Kerstin Meyer

❶ Maîtrisaient : savaient très bien faire.

❷ Des éperons : des morceaux de métal pointus attachés à la botte du cavalier qui piquent le cheval pour le faire avancer plus vite.

Itinéraire A

❶ **Que fait la princesse la nuit ?**

a. Elle monte à cheval.
b. Elle joue à la poupée.
c. Elle danse.
d. Elle apprend à se servir d'une épée.

❷ **As-tu trouvé ces informations en lisant le texte ou en observant les illustrations de l'album ?**

❸ **De quels autres personnages le texte parle-t-il ?**

a. un cheval
b. les frères de la princesse
c. le roi

Itinéraire B

❶ **Comment la nuit est-elle représentée sur l'illustration ?**

❷ **Retrouve les informations qui sont seulement dans le texte et pas sur les images.**

a. La princesse vit dans un château.
b. La princesse sort en secret.
c. La princesse est douce et calme avec son cheval.
d. La princesse sort la nuit.

❸ **Quelles différences de comportement y a-t-il entre la princesse et ses frères ?**

Je prononce avant de lire

- hors – s'exercer – les techniques – crier
- cours – un express – un match

• Lecture

SERVICE DES URGENCES

Case

Bulle

Service des urgences in *22 ! V'là Boule & Bill*, © Roba – Studio Boule et Bill, 2012.

❶ Un courrier express : une lettre très urgente.

❷ Illico : vite, tout de suite.

Itinéraire A

1 Complète par le nom du personnage.

a. … donne la lettre à Boule.

b. … donne la lettre à Bill le chien.

c. … donne la lettre à la tortue.

2 Dans la quatrième case de cette bande dessinée, pourquoi Boule est-il en colère ?

3 Qui porte la lettre à la poste ?

Itinéraire B

1 Dans la première case de cette bande dessinée, comment vois-tu que le papa de Boule parle plus fort pour appeler son fils ?

2 Choisis la phrase qui convient.

a. Bill est content de rendre service à Boule.

b. Bill est en colère car il préfère enterrer son os.

3 Observe les cases 3 et 8. Quand le courrier doit-il arriver ? Penses-tu qu'il arrivera à temps ? Pourquoi ?

Où est placé le texte dans l'album page 66 ?
Où est placé le texte dans la bande dessinée page 67 ? Remarques-tu d'autres différences ?

Sais-tu distinguer un extrait de conte d'un extrait de roman ?

Lecture

Une jeune fille est envoyée à la fontaine, loin de chez elle, puiser de l'eau. Elle donne à boire à une vieille femme.

Lorsque la fille arriva au logis[1], sa mère la gronda de revenir si tard de la fontaine. « Je vous demande pardon, ma mère, dit cette pauvre fille, d'avoir tardé si longtemps » ; et en disant ces mots, il lui sortit de la bouche deux roses, deux perles et deux gros diamants. « Que vois-je là ! dit sa mère tout étonnée ; je crois qu'il lui sort de la bouche des perles et des diamants ; d'où vient cela, ma fille ? » La pauvre enfant lui raconta naïvement[2] tout ce qui lui était arrivé : une fée qui avait pris la forme d'une pauvre femme du village lui avait fait un don[3] afin de la remercier de sa gentillesse. À chaque parole qu'elle dirait, il lui sortirait de la bouche une fleur ou une pierre précieuse.

Les Fées, d'après Charles Perrault.

1 Un logis : un logement.

2 Naïvement : sans mentir.

3 Un don : un cadeau.

Itinéraire A

1. **Pourquoi la mère gronde-t-elle sa fille ?**
2. **Qui la jeune fille a-t-elle rencontré près de la fontaine ?**
3. **La jeune fille reçoit un don. Lequel ?**
   a. cracher des serpents et des crapauds
   b. sortir de sa bouche des fleurs et des pierres précieuses
   c. parler toutes les langues

Itinéraire B

1. **Pourquoi la jeune fille reçoit-elle un don ?**
2. **La fée s'est déguisée en pauvre femme. Pourquoi ?**
   a. pour s'amuser
   b. pour qu'on lui donne de l'argent
   c. pour récompenser les gentils
3. **Relève tous les éléments magiques du conte.**

Je prononce avant de lire

- une fontaine – une femme – naïvement – la fée – précieuse
- Sophie – frisés – il faisait – les fenêtres – défendu – faire

• Lecture *Les cheveux mouillés*

Sophie était coquette[1] et elle désirait beaucoup avoir les cheveux frisés. Un après-midi de juillet, il pleuvait très fort et il faisait très chaud, de sorte que[2] les fenêtres et la porte du salon étaient restées ouvertes. Sophie était à la porte, sa maman lui avait défendu de sortir. Elle se souvint que les cheveux de son amie Camille frisaient mieux lorsqu'ils étaient mouillés. « Si je mouillais les miens, dit-elle, ils friseraient peut-être ? » Et voilà Sophie qui sort malgré la pluie, qui met sa tête sous la gouttière[3], et qui reçoit, à sa grande joie, toute l'eau sur la tête, sur le cou, sur les bras, sur le dos. Lorsqu'elle fut bien mouillée, elle rentra au salon pour essuyer sa tête avec son mouchoir, en rebroussant ses cheveux pour les faire friser.

Les Malheurs de Sophie, d'après la comtesse DE SÉGUR.

1. **Coquette** : élégante, soignée.
2. **De sorte que** : c'est pourquoi.
3. **Une gouttière** : un tuyau qui reçoit l'eau de pluie.

Itinéraire A

1 Choisis les deux informations présentes dans cet extrait de roman.

a. Sophie a les cheveux frisés.
b. Sophie a vu que les cheveux de Camille frisaient mieux avec de l'eau.
c. Camille joue sous la pluie.
d. Sophie a envie d'avoir les cheveux frisés.

2 Pourquoi Sophie sort-elle sous la pluie ?

3 Relève toutes les informations sur le moment et le lieu où se déroule l'histoire.

Itinéraire B

1 Remets les phrases dans l'ordre de l'histoire.

a. Sophie est mouillée.
b. Il pleut.
c. Sophie sort dans le jardin.
d. Sophie veut ressembler à Camille.

2 Pourquoi Sophie est-elle contente d'être mouillée par la pluie ?

3 À ton avis, un enfant peut-il agir dans la vie réelle comme Sophie ? Explique pourquoi.

À ton avis, l'histoire de la page 68 peut-elle se produire dans la réalité ? Quelles différences remarques-tu entre le conte et le roman ?

Sais-tu distinguer un dialogue de théâtre d'un dialogue de roman ?

• Lecture *Le petit plaisir*

Une conversation entre les cinq doigts de la main. Chacun explique ce qu'il aime le plus faire…

Pouce : Je suis le Pouce, et mes copains se moquent de moi parce que je tousse ! Mais ce que j'aime par-dessus tout, c'est faire de l'auto-stop[1] !

Index : Comme ça ? *(Il danse en bougeant un peu.)*

Pouce : Non, comme ça. *(Il se dandine d'avant en arrière.)*

Index : Je suis l'Index. Je ne suis pas le plus grand et ça me vexe ! Mais ce que j'adore par-dessus tout c'est : appeler les gens !

Pouce : Comme ça ? *(Il fait un signe de la main.)*

Index : Non comme ça. *(Il mime une danse où il semble[2] appeler.)*

Majeur : Je suis le Majeur, le plus grand d'entre tous. D'ailleurs je suis le seul à voir l'heure ! Mais ce qui me plaît par-dessus tout c'est : manger cette pâte à tartiner au chocolat et aux noisettes !

Annulaire[3] : Ah oui comme ça ? *(Il sort un pot de sa poche et y plonge le doigt.)*

Majeur : Non comme ça ! *(Il plonge sa tête dans un énorme pot placé derrière lui et en ressort « coiffé » de chocolat.)*

Annulaire : Je suis l'Annulaire, et mon livre préféré c'est l'annuaire[4] ! Mais ce que j'aime faire par-dessus tout, c'est : être le plus beau !

Majeur : Ah oui, comme ça ? *(Il se coiffe.)*

Annulaire : Non, comme ça ! *(Il place une bague autour de son cou.)*

Pouce à Auriculaire[5] : Et toi ?

Auriculaire : Moi, ce qui me rend le plus heureux, c'est de me gratter l'oreille !

Le petit plaisir, Davy Colella,
in *Petites pièces pour être heureux* © Éditions Retz.

[1] Faire de l'auto-stop : arrêter une voiture en faisant un signe avec le pouce, pour voyager.

[2] Semble : fait semblant.

[3] L'annulaire : c'est le doigt qui porte un anneau.

[4] Un annuaire : un livre où l'on trouve les adresses et les numéros de téléphone.

[5] L'auriculaire : le petit doigt.

Itinéraire A

1. **Combien y a-t-il de personnages ? Qui sont-ils ?**
2. **Comment sais-tu qui prend la parole dans cette scène de théâtre ?**
3. **Retrouve ce que chaque personnage aime faire.**
   se gratter l'oreille – appeler une personne – faire de l'auto-stop – manger la pâte à tartiner – porter un anneau
4. **À quoi servent les phrases entre parenthèses ? Doit-on les prononcer ?**

Itinéraire B

1. **Quel est le doigt le plus bavard ? Quel est celui qui parle le moins ?**
2. **Observe les mots *annulaire* et *annuaire*. À ton avis pourquoi l'annuaire est-il le livre préféré de l'annulaire ?**
   a. parce qu'il aime téléphoner
   b. parce que les deux mots sont presque pareils
   c. parce qu'il n'aime pas les romans
3. **Explique le titre de cette scène de théâtre *Le petit plaisir*.**
4. **Si tu veux jouer la scène avec tes camarades, comment chacun sait-il quels gestes faire ?**

Je prononce avant de lire

- une conversation – chacun – le pouce – l'annulaire – l'annuaire
- esclaffé – ça – crié – les garçons – menacé – le cousin – du cassis – ce morceau

4

Je nomme les différents textes littéraires

• Lecture

Gaétan et Antoine ont fait manger une tarte très bizarre à leur cousine, Marine.

– Tu viens d'avaler des ventres de grosses mouches bleues, s'est esclaffé[1] Antoine. Et tu as trouvé ça bon !

Sur l'instant, j'ai failli vomir. Dégoûtée, j'ai tout craché à terre, jeté ma part au loin et crié, furieuse :

– Je vais le dire à tante Anna !

Les deux garçons se sont arrêtés de rire tout net.

– Fais pas ça, a bredouillé Gaétan. C'était juste une blague.

– Vous méritez d'être punis !

– Si tu parles, a menacé Antoine, on ne jouera plus jamais avec toi !

– Je m'en moque ! Vous êtes trop bêtes et méchants !

En apprenant ce qui s'était passé, tante Anna a fait immédiatement venir les garçons.

– Alors ?! a-t-elle grondé. Qu'est-ce que j'apprends ?

– C'était pour rire, a bafouillé Antoine. On n'a jamais mis de mouches dans sa tarte.

– J'ai vu les poils !

– Oui, et alors ? a répondu mon cousin sans se démonter. Il y a du cassis avec des poils. Ça s'appelle des casseilles.

– Où est-il, ce morceau de tarte ? a demandé ma tante.

– Je l'ai jeté, ai-je avoué un peu gênée.

– Alors, a-t-elle conclu, je ne peux savoir qui dit vrai. Par contre, les garçons, je vous ordonne de ne plus faire de misères à Marine. Et ne la laissez plus toute seule !

Capitaine Brochet, J.-M. Defossez © Casterman.

[1] S'est esclaffé : a ri.

Itinéraire A

1. **Pourquoi les enfants se disputent-ils ?**
2. **Comment repères-tu que les personnages parlent ?**
3. **Associe chaque personnage aux paroles prononcées : 1) tante Anna – 2) Marine – 3) Antoine – 4) Gaétan.**
   - a. « Je vais le dire à tante Anna ! » l. 5
   - b. « Fais pas ça. » l. 7
   - c. « Qu'est-ce que j'apprends ? » l. 12
   - d. « C'était pour rire. » l. 13

Itinéraire B

1. **Qui raconte l'histoire ? Relève les mots qui t'ont aidé.**
2. **Quel est le garçon qui prend le plus la parole ? Que penses-tu de son caractère ?**
3. **Associe ce qui va ensemble : 1) tante Anna – 2) Gaétan – 3) Marine – 4) Antoine.**
   - a. rit
   - b. est en colère
   - c. gronde les garçons
   - d. a peur d'être puni

Dans quel texte, trouves-tu toujours le nom du personnage qui prend la parole ? Où trouves-tu cette indication ? Dans quel texte trouves-tu des verbes qui montrent que les personnages parlent ? Relève trois verbes.

Connais-tu les caractéristiques de la poésie ?

• Lecture 1 *Météorologie*

L'oiseau vêtu de noir et vert
m'a apporté du papier vert
qui prévoit le temps qu'il va faire.
Le printemps a de belles manières.
L'oiseau vêtu de noir et blond[1]
m'a apporté un papier blond
qui fait bourdonner les frelons[2].
L'été sera brûlant et long.
L'oiseau vêtu de noir et jaune
m'a apporté un papier jaune
qui sent la forêt en automne.
L'oiseau vêtu de noir et blanc
m'a apporté un flocon blanc.

L'oiseau couleur du temps que
m'apportera-t-il ?

Claude Roy, recueilli dans *Enfantasques*

❶ Blond : de couleur jaune, doré.

❷ Des frelons : des grosses guêpes rousses, jaunes et noires.

Itinéraire A

1 **Complète les couleurs de l'oiseau selon les saisons.**

L'oiseau noir et …	Le printemps
L'oiseau noir et …	L'été
L'oiseau noir et …	L'automne
L'oiseau noir et …	L'hiver

2 **Relis la première phrase du poème. Sur combien de lignes est-elle écrite ?**

3 **Quels mots se terminent à l'oral comme *vert* ?**

a. faire
b. jaune
c. manière
d. blanc

Itinéraire B

1 **Complète chaque phrase avec l'élément de la nature qui convient : *les feuilles mortes – l'herbe – la neige – les blés.***

a. Au début du printemps, le papier est vert comme … .
b. En été, le papier est blond comme … .
c. En automne, le papier est jaune comme … .
d. En hiver, le papier est blanc comme … .

2 **À ton avis, pourquoi l'oiseau apporte-t-il du papier au poète ?**

3 **Te rappelles-tu comment on appelle une ligne d'un poème ?**

a. une rime b. un paragraphe c. un vers

4 **Retrouve tous les mots qui se terminent à l'oral comme *blond*. À quelle place sont-ils écrits dans le poème ?**

Je prononce avant de lire • le printemps – bourdonner – l'automne •• sécher – mélodieusement – négligent – des dangers •• un vermisseau – la priant – subsister – je paierai – août

•• Lecture 2 *La Cigale et la Fourmi*

1 Pendant l'hiver, leur blé étant humide, les fourmis le faisaient sécher. La cigale, mourant de faim, leur demanda de la nourriture. Les fourmis lui répondirent : « Pourquoi en été n'amassais-tu pas de quoi manger ? – Je n'étais pas inactive[1], dit celle-ci, mais je chantais mélodieusement[2]. » Les fourmis se mirent à rire. « Eh bien, si en été tu chantais, maintenant que c'est l'hiver, danse. » Cette fable montre qu'il ne faut pas être négligent[3] en quoi que ce soit, si l'on veut éviter le chagrin et les dangers.

La Cigale et la Fourmi, Ésope.

[1] **Inactive** : c'est le contraire du mot « active ».

[2] **Mélodieusement** : de manière agréable à entendre.

[3] **Négligent** : étourdi, imprudent.

[1] **Dépourvue** : sans rien.

[2] **La bise** : un vent froid.

[3] **La famine** : le manque de nourriture.

[4] **Subsister** : survivre.

[5] **Ne vous déplaise** : votre avis m'est égal.

2 La Cigale ayant chanté
Tout l'été,
Se trouva fort dépourvue[1]
Quand la bise[2] fut venue.
Pas un seul petit morceau
De mouche ou de vermisseau.
Elle alla crier famine[3]
Chez la Fourmi sa voisine,
La priant de lui prêter
Quelque grain pour subsister[4]
Jusqu'à la saison nouvelle.
Je vous paierai, lui dit-elle,
Avant l'Août, foi d'animal,
Intérêt et principal.
La Fourmi n'est pas prêteuse ;
C'est là son moindre défaut.
– Que faisiez-vous au temps chaud ?
Dit-elle à cette emprunteuse.
– Nuit et jour, à tout venant
Je chantais, ne vous déplaise[5].
– Vous chantiez ?
J'en suis fort aise.
Eh bien ! dansez maintenant.

La Cigale et la Fourmi,
Fables de Jean de La Fontaine.

Itinéraire A

1 **Les personnages des deux textes sont :**
a. des enfants. b. des femmes. c. des insectes.

2 **Que répondent les fourmis à la cigale qui a faim ?**

3 **Écoute ton enseignant relire chaque texte. Que remarques-tu à propos du texte 2 ?**

Itinéraire B

1 **Pendant quelle saison la cigale va-t-elle voir les fourmis ? Que faisait-elle en été ?**

2 **Les fourmis ont-elles raison d'agir ainsi avec la cigale ? Qu'en penses-tu ?**

3 **Observe la forme de chaque texte. Quel texte est un poème ? Explique ta réponse.**

• Lecture

Première de couverture

Quatrième de couverture

Le petit loup qui se prenait pour un grand, Albéna Ivanovitch-Lair / Éric Gasté © Flammarion 2005, avec l'aimable autorisation des auteurs et de Flammarion.

Itinéraire A

1. Quel est le titre de l'histoire ? Où le lis-tu ?
2. Retrouve les deux intrus dans la liste des personnages qui sont sur l'illustration de la première de couverture.
   un loup • deux moutons • un renard • un âne • un cheval • un mouton
3. Quel personnage retrouves-tu dans le titre de l'histoire ?
4. À quelle catégorie appartient cette histoire ?
   a. une poésie b. un conte c. une pièce de théâtre
   d. un roman
   Sur quelle partie du livre as-tu trouvé la réponse ?
5. Relève tous les autres titres de la collection qui contiennent le mot *loup* sur la quatrième de couverture.
6. Explique pourquoi tu n'es pas étonné de retrouver un loup dans d'autres histoires qui appartiennent à cette collection.

Itinéraire B

1. Quels éléments de l'illustration te montrent que le loup est le personnage principal ?
2. Observe l'attitude du loup sur la première de couverture. Quel lien fais-tu avec le titre ?
3. Observe le loup sur la quatrième de couverture. Décris-le. Qu'a-t-il pu se passer ?
4. Quelles indications trouves-tu sur la quatrième de couverture ?
5. Pourquoi le titre du livre est-il en bleu sur la quatrième de couverture ?
   a. pour faire plus joli
   b. parce que le titre est en bleu sur la première de couverture
   c. pour montrer que ce titre est celui de l'histoire qui se trouve dans le livre
6. Parmi les autres titres proposés, quelles sont les histoires que tu connais déjà ?
7. Avec quels livres rangerais-tu ce livre dans la bibliothèque de la classe ? Pourquoi ?

Ces dessins illustrent des contes. Retrouve le titre de chaque conte sur la quatrième de couverture page 74.

A

B

C

D

Tu lis des images

Observe ce tableau de Pierre-Auguste Renoir (1841-1919). Ce peintre a représenté principalement des personnages, surtout des femmes et des enfants. Il peignait avec des couleurs vives et par petites touches, grâce à de petits coups de pinceaux rapides.
Il a réalisé près de six mille tableaux.

La Lecture, Auguste Renoir © Paris, musée du Louvre/RMN/Hervé Lewandowski.

1. Que représente ce tableau ?
2. Que font les deux fillettes ?
3. Où se trouvent-elles ? Comment le vois-tu ?
4. À ton avis, les petites filles sont-elles passionnées par ce qu'elles lisent ? Comment le vois-tu ?
5. Le titre du tableau est *La Lecture*. Explique ce titre donné par le peintre.

Oral

Lire à haute voix

Pour bien dire une poésie, voici ce que tu dois faire.

a. Vérifie que tu as bien compris le texte pour bien mettre le ton (joyeux, triste…).
b. Prépare les liaisons.
c. Respecte la ponctuation (ta voix baisse quand tu rencontres un point), marque une courte pause après une virgule et une pause plus longue pour un point.
d. Repère les rimes.

1 Observe les liaisons du début de ce poème de Robert Desnos.

La coccinelle
Dans une rose à Bagatelle
Naquit un jour une coccinelle.
Dans une rose de Provins
Elle compta jusqu'à cent-vingt.

2 Lis la suite de *La coccinelle* en faisant les liaisons.

Dans une rose à Mogador
Elle a vécu en Thermidor.
Dans une rose à Jéricho
Elle évita le sirocco.
Dans une rose en Picardie
Elle a trouvé son paradis :
Coccinelle à sept points,
Bête à bon Dieu, bête à bons points.

Robert Desnos, *La coccinelle* in *Chantefables Chantefleurs*
© Éditions Gründ.

3 Écoute ton enseignant lire le poème *Météorologie* page 72. Repère les liaisons et les pauses. À ton tour, dis ce poème. Tu peux aussi apprendre une strophe par cœur et la réciter.

Prendre la parole devant le groupe

4 Qui des deux personnages de la fable *La Cigale et la Fourmi* aimerais-tu être ? Explique pourquoi.

Présenter son travail

5 Avec tes camarades, formez un groupe de cinq personnages et lisez la scène de théâtre de la page 70.

a. Lorsque vous connaîtrez bien vos répliques, essayez de mettre le ton en vous aidant de la ponctuation.
b. Choisis une réplique et l'indication pour jouer qui va avec. Exemple : « *Il se dandine d'avant en arrière…* » Réfléchis à la manière de la mimer. Lorsque tu connaîtras ta réplique par cœur, tu joueras ton rôle devant la classe.

La langue au service des textes

6 Lis le dialogue et retrouve le personnage qui parle : Jack ou la fée. Quel mot t'a aidé à répondre ?

Jack aperçut une femme très belle. Elle lui dit en souriant :
1 – Je t'attendais, Jack.
2 – Comment connaissez-vous mon nom ? lui demanda-t-il.
3 – Te souviens-tu de ton père ? lui répondit-elle.
4 – Non, m'dame, rétorqua-t-il. Ma mère ne me parle jamais de lui.
5 – Moi, je peux, répondit la belle dame. Je suis une fée.

D'après *Jack et le haricot magique*.

Jack	La fée
…	1 Elle lui dit

7 **Parmi les verbes de parole suivants, quels sont les trois qui servent à poser des questions ?**

répondre – interroger – crier – s'écrier – demander – questionner

8 **Complète les paroles en mettant le signe de ponctuation qui convient « ? » ou « ! ».**

– Les enfants, j'ai une grande nouvelle à vous annoncer... dit la maîtresse.
– Vite... Vite... Nous sommes impatients, répondent les élèves.
– Vous ne devinez pas... demande la maîtresse.
Alors vous attendrez... dit-elle en riant.

9 **Lis la comptine et retrouve les mots qui se terminent par le même son que le mot souligné. Comment s'écrit ce son dans chaque mot ?**

Justine et Joëlle
sont deux sirènes jumelles.

Jamais elles ne porteront
De jupes ni de jupons.

En guise de jambes,
Elles ont une jolie queue de poisson.

Pour nager
et jouer
dans la mer du Japon.

Comptines de l'alphabet, textes de Corinne Albaut © Éditions Bayard.

Ateliers sur les notions

10 **Retrouve les indices qui t'indiquent la catégorie des textes et associe chaque mot à la couverture de droite qui convient.**

a. roman – **b.** bande dessinée
c. conte – **d.** poésie

A

25 poèmes de Victor Hugo, « Les nains et les géants » © Éditions Sed.

B

3 contes d'Afrique, collectif, ill. Kersti Chaplet © Flammarion, 2009.

C

Capitaine Brochet, J.-M. Defossez © Casterman.

D

Le vieil homme ou le serpent, Toni et Slade Morrison, ill. Pascal Lemaître © Casterman.

11 **Lis cet extrait de scène de théâtre. Repère les indications pour jouer et classe-les dans le tableau.**

Ton de la voix	Gestes
…	…

Le loup : Bonjour. Il ne fait pas chaud dehors. Ça pince, vous savez.
Marinette, *riant* : Qu'il est drôle avec ses oreilles pointues et ce pinceau de poils hérissés sur le haut de la tête.
Delphine, *murmurant en serrant la main de Marinette* : C'est le loup. […]
Le loup, *de sa voix la plus tendre* : J'ai froid, et j'ai une patte qui me fait bien mal. Mais ce qu'il y a surtout, c'est que je suis bon. Si vous vouliez m'ouvrir la porte, j'entrerais me chauffer à côté du fourneau et on passerait l'après-midi ensemble.

Trois contes du chat perché, théâtre, d'après Marcel Aymé, adaptation de Françoise Arnaud et Michel Barré © Éditions Gallimard.

12 **Relève les paroles du petit Spirou. Dans quelles cases le petit Spirou pense-t-il ? Quels indices as-tu cherchés ?**

Page 32 in *Le Petit Spirou, Demande à ton père !*
© Tome et Janry / Dupuis, 2012.

13 **Un intrus s'est glissé dans chaque série de mots clés. Retrouve-le.**

Bande dessinée : case – bulle – réplique
Poésie : paragraphe – rime – vers
Théâtre : verbe de parole – indication pour jouer – acteur
Conte : personnage merveilleux – pouvoir magique – réalité

Écrire pour mieux lire

14 **Recopie ces vers en suivant le schéma ci-dessous. La majuscule de chaque vers t'est donnée.**

C'était dans la nuit brune, sur le clocher jauni, la lune, comme un point sur un i.

Alfred de Musset, *Ballade à la Lune*.

C……………………………………,
S……………………………………,
L……………………………………,
C…………………………………….

15 **Recopie ces vers en respectant le passage à la ligne et la majuscule au début. Pour t'aider chaque vers est séparé par un trait.**

Voici que la saison décline,/ l'ombre grandit, l'azur décroît,/ le vent fraîchit sur la colline,/ l'oiseau frissonne, l'herbe a froid./

Victor Hugo, *Chansons lointaines*.

16 **Récris cette poésie en retrouvant les 4 vers. N'oublie pas la majuscule au début de chaque vers. Pour t'aider, on a souligné les mots qui riment en fin de vers.**

Le temps a laissé son manteau de vent, de froidure et de pluie, et s'est vêtu de broderies, de soleil luisant, clair et beau.

D'après Charles d'Orléans.

As-tu bien compris ?

Réponds par Oui ou Non.

a. Dans un roman ou un conte, il peut y avoir un dialogue.
b. Un poème a la même présentation qu'un roman.
c. Dans un texte de théâtre, il y a toujours des personnages qui parlent.

Lis ce texte.

Mini détective

Hermine Dubois a six ans.
Son papa, sa maman et sa mamie l'appellent Mini.
Seul son frère Félix l'appelle la « grande perche » ou la « grande asperge ».
En effet, Mini est très grande et très mince.
Bien qu'elle ait deux ans de moins que Félix, elle est aussi grande que lui. Ce dernier considère qu'une petite sœur doit vraiment être plus petite que son frère !
Quand les gens demandent lequel des deux est l'aîné, Félix est toujours très vexé.
Mini, quant à elle, déteste qu'il la traite de « grande perche » ou d'« asperge ».
Ses parents ont beau lui répéter :
« N'y fais pas attention, il dit cela pour t'embêter mais au fond il t'adore. »
Elle fait semblant de les croire mais, dans son for intérieur[1], elle pense que lorsqu'on aime quelqu'un, on se conduit plus gentiment !
Mini est toujours gentille avec son frère et il trouve cela normal !
Quand il a des problèmes, c'est toujours Mini qu'il vient voir.
Quand il doit emprunter de l'argent, c'est à elle qu'il demande en premier.

[1] Dans son for intérieur : ce que Mini pense sans le dire.

Mini détective © Christine Nöstlinger © La bibliothèque rose, 1999
© Bi-media.de

Ce texte est-il un extrait de conte ? de roman ? de pièce de théâtre ? Explique pourquoi.

Retenons

- La littérature regroupe des genres de textes différents : les contes, les romans, la poésie, les pièces de théâtre, les albums et les bandes dessinées.
- Certains textes sont illustrés, comme les albums ou les bandes dessinées.
- La poésie ou les pièces de théâtre ont une présentation bien particulière.

Chapitre 5

Je reconnais une histoire

Que sais-tu déjà ?

« Je suis fatiguée, dit Anne. Nous aurions dû rester à la maison et lire une histoire. »

« C'est plus amusant de faire quelque chose soi-même plutôt que de le lire », dit Ben.

1

« Ça ne me dérangerait pas si nous étions dans une histoire, dit Anne. Dans les histoires, les gens ne se promènent pas toute la journée à la recherche d'un vieux coquillage. Il leur arrive des choses intéressantes. »

2

« Rien ne se passe réellement dans une histoire, dit Ben. Les histoires ne sont faites que de mots. Les mots ne sont que des lettres. Et les lettres ne sont que différentes sortes de signes. »

3

La plage magique, Crockett Johnson © Éditions Tourbillon.

Qu'en penses-tu ?
Qu'est-ce qu'une histoire pour toi ?

Qu'arrive-t-il aux personnages dans les histoires ?

• Lecture 1

Les Schtroumpfs et les abeilles, in *Schtroumpferies*, page 27 © Peyo, 2012.

Itinéraire A

1. **Comment est habillé Schtroumpf Gourmand au début de l'histoire ? et à la fin ?**

2. **Choisis le titre qui convient.**
   a. Schtroumpf Gourmand se déguise en abeille
   b. Schtroumpf Gourmand chasse les abeilles
   c. Schtroumpf Gourmand fabrique du miel

3. **Trouve les ressemblances et les différences entre les cases 6 et 7.**

Itinéraire B

1. **Retrouve ce qui est vrai.**
   a. Schtroumpf Gourmand veut prendre du miel dans la ruche.
   b. Les abeilles sont en colère.
   c. Schtroumpf Gourmand se déguise en abeille.
   d. Les abeilles lui donnent leur miel.

2. **Classe les actions dans le tableau.**
   a. vouloir du miel b. défendre la ruche c. se déguiser d. se sauver e. poursuivre

Schtroumpf Gourmand	Les abeilles
…	…

3. **Explique pourquoi Schtroumpf Gourmand n'a pas réussi à prendre le miel dans la ruche.**

• le miel – un tailleur – une abeille – l'essaim •• jadis – il possédait – le cerf – tout en attendant – il surveillait – il apercevait – acariâtre – la création

•• Lecture 2 *Comment le chameau est devenu laid*

On dit que, jadis[1], le chameau était le plus beau de tous les animaux. Il possédait une queue longue, fournie, superbe et de puissantes cornes. Un jour qu'il allait boire à la rivière, il rencontra le cerf qui lui dit :

– Je vais à la fête ; prête-moi tes cornes, frère.

Le chameau accepta et l'attendit au bord de l'eau. Ce même jour, le cheval arriva qui lui demanda :

– Prête-moi ta queue, je vais à la fête.

– D'accord, dit le chameau.

Et il se mit à attendre au bord de la rivière. Tout en attendant, il buvait de l'eau et surveillait la route, mais n'apercevait ni cerf ni cheval…

Le cerf, qui a trompé le chameau […] a gardé les cornes ! Le cheval, lui, a gardé la queue, mais depuis, dès qu'il voit un chameau, il prend la fuite. Dès lors, le chameau est devenu l'animal le plus laid et le plus acariâtre[2] de la création[3].

365 contes des pourquoi et des comment, Muriel Bloch, avec son aimable autorisation.

[1] Jadis : il y a très longtemps.
[2] Acariâtre : désagréable, toujours de mauvaise humeur.
[3] De la création : du monde.

Itinéraire A

1. **Trouve le dessin qui correspond au chameau au début de l'histoire.**

2. **Quelles parties de son corps le chameau a-t-il perdues ?**

3. **Remets dans l'ordre les actions de cette histoire.**

a. Le chameau surveille la route.
b. Le chameau prête sa queue au cheval.
c. Le chameau prête ses cornes au cerf.

Itinéraire B

1. **Complète le tableau grâce aux dessins du chameau.**

Au début de l'histoire	À la fin de l'histoire
Le chameau a …	…

2. **Choisis les bonnes réponses.**

a. Le chameau était beau et gentil.
b. Le cerf et le cheval sont toujours ses amis.
c. Le chameau est devenu laid et acariâtre.

3. **Pour quelles raisons le chameau s'est-il transformé ?**

• Lecture 1 *L'info à la une*

le Petit Quotidien

Lire chaque jour un vrai journal dès 6 ans

Lauréat du Grand Prix des médias — Tous les jours sauf le dimanche

La météo de demain

Jeudi 20 septembre 2012

n° 3 868 - 0,44 €

Une maman ours polaire a réussi à sauver ses 2 petits

Un photographe voyageait en bateau près du pôle Nord. Il a vu une famille d'ours blancs sauvages s'enfuir en nageant. Le danger venait d'un vieux mâle affamé.

Le photographe était dans l'océan Arctique, avec une centaine de touristes, pour observer les ours polaires de la région. Ils ont eu de la chance de voir cette famille nager très près de leur bateau.

L'ours polaire p. 2 ⁝ Phénomène rare : une tornade de feu a eu lieu en Australie p. 3

Ce journal est imprimé sur du papier respectant la forêt. www.playbacpresse.fr Pour écrire au rédacteur en chef : f.dufour@playbac.fr

Extrait du *Petit Quotidien*, journal d'information pour les 6-10 ans, n° 3 868 du 20 septembre 2012 © Playbac.

L'histoire s'est passée au Svalbard[1], cet été. Un ours polaire voulait manger deux oursons âgés de 18 mois. Leur maman a senti le danger. Elle a plongé dans l'eau. Les petits l'ont suivie. Ils ont nagé vite pour s'éloigner. Le vieux mâle[2] n'était pas assez rapide pour les rattraper.

[1] Svalbard : région très froide, près du pôle Nord.

[2] Un mâle : un animal de sexe masculin.

Itinéraire A

1. **Trouve le lieu de cette histoire.**
2. **Indique à quel moment de l'année se déroulent ces faits.**
3. **Retrouve les personnages.**

Itinéraire B

1. **Complète les phrases en t'aidant du texte.**

   l'été 2012 – les oursons sont sauvés – une région très froide

   a. L'histoire se passe dans … .

   b. L'histoire se déroule pendant … .

   c. L'histoire raconte comment … .

2. **Relève les mots qui montrent que les ours sont jeunes.**
3. **Comment les oursons se sont-ils échappés ?**

Je prononce avant de lire

- • un ours polaire – deux oursons – ils ont nagé – s'éloigner – le vieux mâle
- •• l'estomac – les immensités – elle réveilla – elle s'exclama – il contient

•• Lecture 2 *L'estomac*

Par une belle et froide nuit d'hiver, la lune se pavanait[1] dans le ciel, toute ronde et éclatante. Elle disait aux étoiles qui voulaient bien l'entendre :
– Regardez comme je suis la plus grande et la plus belle, plus grande même que l'astre du jour[2].
Un tout petit lac, perdu au milieu des immensités[3], l'entendit :
– Pas du tout ! mais pas du tout ! répliqua-t-il. Regarde-moi et tu verras qui est le plus grand !
La lune se pencha et alla se refléter dans les eaux dormantes[4].
– Tu vois que je suis le plus grand, dit le lac. Regarde, je te contiens tout entière.
Leur dispute fit grand bruit et réveilla une petite souris qui sommeillait sur la rive[5]. Elle ouvrit l'œil, regarda la lune et le lac, et s'exclama :
– Le plus grand de tous, c'est mon œil, puisqu'il contient à la fois le lac, la lune et toutes les étoiles du ciel.
Mais un oiseau de nuit qui rôdait dans les parages[6] aperçut la petite souris. Il plongea sur elle et l'avala.
– Moi seul sais bien qui est le plus grand de tous : c'est mon estomac… car il contient à la fois la souris, son œil, le lac, la lune et toutes les étoiles du ciel.

Conte inuit, Michel Piquemal, in *Les philo-fables* © Éditions Albin Michel.

1. Se pavanait : faisait la belle.
2. L'astre du jour : le soleil.
3. Des immensités : des espaces très grands.
4. Se refléter dans les eaux dormantes : se regarder dans les eaux calmes.
5. Sommeillait sur la rive : dormait au bord de l'eau.
6. Rôdait dans les parages : se promenait par là.

Itinéraire A

1 À quel moment se passe cette histoire ?

2 Réponds par Vrai ou Faux. Dans cette histoire :

a. l'action commence dans le ciel.
b. l'action continue dans une rivière.
c. l'action se poursuit au bord d'un lac.
d. l'action se termine dans l'estomac d'un oiseau.

3 Complète la liste des personnages en t'aidant des illustrations :

la lune – les étoiles – …

A

B

C

Itinéraire B

1 Retrouve tous les mots qui montrent quand se passe cette histoire.

a. la lune b. les étoiles c. des immensités
d. le lac e. sommeiller f. un oiseau de nuit
g. l'astre du jour

2 Complète les phrases.

Dans le lac, on voit le reflet de … .
Dans l'œil de la souris, on voit le reflet du … .
Dans l'estomac de l'oiseau, il y a … .

3 Qui prononce chaque phrase ?

a. Je suis la plus grande et la plus belle.
b. Je suis le plus grand.
c. Le plus grand de tous, c'est mon œil.
d. Le plus grand de tous : c'est mon estomac.

Lecture 1 *Un poisson d'avril*

Un poisson d'avril
Est venu me raconter
Qu'on lui avait pris
Sa jolie corde à sauter
C'était un cheval
Qui l'emportait sur son cœur
Le long du canal
Où valsaient les remorqueurs[1]
Et alors
Un serpent
S'est offert comm'[2] remplaçant
Le poisson
Très content
Est parti à travers champs
Il sauta si haut
Qu'il s'est envolé dans l'air
Il sauta si haut
Qu'il est retombé dans l'eau

Boris Vian, *Chansons* © Cohérie Boris Vian.

[1] **Où valsaient les remorqueurs** : où dansaient les bateaux.

[2] **Comm'** : comme. Le poète a enlevé le « e » de la fin du mot pour imiter la prononciation orale.

Itinéraire A

1. **Quel est le problème du poisson au début ?**
2. **Associe ce qui va ensemble.**

Le cheval •	• remplace la corde à sauter.
Le serpent •	• saute en l'air.
Le poisson •	• emporte la corde à sauter.

3. **À quel moment de l'histoire correspond cette illustration ?**

Itinéraire B

1. **Rétablis l'ordre de l'histoire.**

Au début, •	• le poisson saute très haut grâce au serpent.
Au milieu, •	• le poisson n'a plus sa corde à sauter.
À la fin, •	• le poisson est aidé par le serpent.

2. **Choisis ce qui est vrai.**

a. Le serpent est l'ami du poisson.
b. Le serpent ressemble à une corde.
c. Le serpent peut sauter.

3. **Qu'est-ce qu'un poisson d'avril ?**

Je prononce avant de lire

- • les remorqueurs – un remplaçant – les champs – haut
- •• il devient – il part – un clown – des films

•• Lecture 2

Charlie Chaplin

Charlie Chaplin est né en Angleterre, à Londres, en 1889. Ses parents sont des chanteurs très pauvres. La famille Chaplin vit dans une grande misère. Pour aider ses parents à gagner un peu d'argent, Charlie commence à jouer dans des spectacles tout petit : il a seulement 5 ans.

Plus tard, il devient comédien et il part aux États-Unis. On lui propose de faire du cinéma. Alors, il invente un personnage de clochard amusant avec de grandes chaussures de clown, un petit chapeau noir et une canne : on l'appelle *Charlot*. Quand il joue *Charlot*, Charlie Chaplin fait rire des milliers de spectateurs. Tout le monde veut voir ses films.

Finalement, Charlie Chaplin devient riche et célèbre dans le monde entier.

Texte écrit par des élèves de CM1
à partir de *Le petit Léonard* n° 171, page 47.

Charlot

Itinéraire A

1 Choisis la phrase qui résume le mieux le début de cette histoire.

a. Charlie Chaplin bébé fait du cinéma.
b. Charlie Chaplin enfant joue dans des spectacles pour gagner de l'argent.
c. Charlie Chaplin chante et danse dans son berceau.

2 Classe les informations dans le tableau.

a. Charlie Chaplin est riche. **b.** Charlie Chaplin est pauvre. **c.** Charlie Chaplin travaille tout petit. **d.** Charlie Chaplin est célèbre.

C'est au début de l'histoire	C'est à la fin de l'histoire
...	...

3 Comment s'appelle le personnage que Charlie Chaplin invente ?

Itinéraire B

1 Associe les éléments en suivant le déroulement de l'histoire.

Au début, •	• Charlie Chaplin fait du cinéma aux États-Unis.
Au milieu, •	• Charlie Chaplin est riche et connu dans le monde entier.
À la fin, •	• Charlie Chaplin vit dans une famille très pauvre.

2 Retrouve les expressions du milieu de l'histoire qui décrivent Charlot.

3 Relève les phrases vraies.

a. L'histoire de Charlie Chaplin commence mal.
b. L'histoire de Charlie Chaplin commence bien.
c. L'histoire de Charlie Chaplin finit bien.

• Lecture

1 Un chaton retrouvé dans un container[1] chinois, après deux semaines sans manger.

Un petit chat de trois mois se remet tout juste d'un long voyage de deux semaines de plus de 10 000 kilomètres qui l'a conduit du port de Shanghai, en Chine, jusqu'à la Californie dans un container où il n'avait ni à boire ni à manger. D'abord trop affaibli pour se tenir sur ses pattes, il commence actuellement à pouvoir marcher, selon des responsables, qui ont indiqué chercher quelqu'un pour adopter ce chaton baptisé *Hello*, ou *Ni Hao* en mandarin[2], à la suite de son aventure peu commune[3]. [...]

Article du journal *Le progrès de Lyon* / www.leprogres.fr, publié en ligne le 18/07/2012.

1 **Un container** : un grand coffre pour transporter des marchandises.

2 **En mandarin** : en chinois.

3 **Peu commune** : qui n'est pas habituelle.

2 Une sorcière va chez le boulanger et demande :
« Une baguette, s'il vous plaît !
– Bien cuite ?
– Non, magique ! »

800 histoires d'horreur, Mary Touquet © Éditions Hachette Jeunesse.

Je prononce avant de lire

- un container – un long voyage – affaibli
- exprime-toi – Ne te l'a-t-on pas appris ? – ses larmes rafraîchissaient

3 *L'âne en peine*

Un âne avait beaucoup de peine
à raconter sa vie d'âne
à un beau cheval blanc
qui le narguait[1].
« Exprime-toi comme un cheval »,
lui disait le cheval.
Et l'âne lui répondait :
« Je ne puis que m'exprimer comme un âne
puisque j'en suis un. »
Et le cheval irrité[2] lui disait :
« Un âne se tait devant un cheval.
Ne te l'a-t-on pas appris ? »
Et l'âne pleurait, pleurait.
Et ses larmes – c'était un matin d'été torride[3] –
rafraîchissaient le sol qui, à sa façon,
le remerciait.

1 Qui le narguait : qui se moquait de lui.
2 Irrité : fâché, énervé.
3 Torride : très chaud.

E. Jabès, recueilli dans *Petites poésies pour jours de pluie et de soleil* © Éditions Gallimard Jeunesse.

Itinéraire A

1 Comment sais-tu que le chat de l'histoire 1 existe vraiment ?

2 Choisis ce que tu trouves seulement dans une histoire imaginaire.

A B C D

3 Associe ce qui va ensemble. Plusieurs réponses sont possibles.

- a. texte 1
- b. texte 2
- c. texte 3

- une histoire vraie
- une histoire imaginaire
- une histoire drôle
- une histoire triste

Itinéraire B

1 Que racontent les histoires ? Classe les propositions dans le tableau.

a. une histoire d'animaux b. une histoire de princesses
c. une histoire de pirates d. une histoire de sorcières

C'est dans ces deux pages	Ce n'est pas dans ces deux pages
...	...

2 Sélectionne seulement ce qui est vrai.

a. Certaines histoires ont la forme d'un poème.
b. On trouve des histoires dans les journaux.
c. Toutes les histoires sont imaginaires.

3 En choisissant parmi les catégories suivantes, essaie de définir chaque histoire de ces deux pages.

a. une histoire pour s'informer
b. une histoire pour émouvoir
c. une histoire pour s'amuser

Tu lis des images

Loup noir, Antoine GUILLOPPÉ
© Casterman.

1

2

3

4

5

6

1. Raconte cette histoire à partir des illustrations.
2. Observe l'image 3. Que peux-tu imaginer ?
3. Pourquoi le loup a-t-il changé de couleur ?
4. Comment sais-tu que les deux personnages sont amis sur la dernière image ?

Oral

Lire à haute voix

Pour bien lire une histoire, voici ce que tu peux faire.

a. Lis le texte silencieusement.

b. Repère les mots qui montrent les différents moments de l'histoire.
Exemples : il était une fois, un jour, un peu plus tard, ensuite, finalement.

c. Surligne ces mots et entraîne-toi à bien les dire.

d. Lis le texte en insistant sur ces mots (pour cela, marque une petite pause avant de les lire).

1 Exerce-toi maintenant sur ces textes.

Les parents, l'oreille collée contre la porte, écoutaient d'un air méfiant. **Enfin**, la poignée tourna, la porte s'ouvrit en grinçant, et il y eut un instant de silence. Delphine et Marinette, qui tremblaient de tous leurs membres, jetèrent un coup d'œil vers la chambre. **Alors**, elles virent une petite poule blanche se glisser furtivement entre les jambes des parents et traverser sans bruit la cuisine pour aller se blottir sous l'horloge.

L'éléphant, in *Les contes bleus du chat perché*, M. Aymé
© Éditions Gallimard.

Les parents étaient si joyeux qu'ils se mirent aussitôt à rire et à danser. Au lieu de gronder les petites, ils leur promirent spontanément une paire de jolies pantoufles et un tablier neuf. Puis, en présence de l'oncle Alfred qui les regardait du haut de son cheval avec un reste de méfiance, ils attachèrent eux-mêmes un ruban rose à chacune des cornes du mouton. Enfin, au repas du soir, le canard fut admis à manger à table entre les deux petites et s'y comporta aussi bien qu'une personne.

Le mouton, in *Les contes bleus du chat perché*, M. Aymé
© Éditions Gallimard.

Prendre la parole devant le groupe

2 Choisis une histoire dans un livre, une bande dessinée, un album, etc. Présente-la à tes camarades en expliquant pourquoi tu l'as choisie.

a. Pour t'aider à présenter ton histoire, prépare ce que tu vas dire :
– **Au début** : Où se passe l'histoire ? Quand ? Avec quel(s) personnage(s) ? Que se passe-t-il ?
– **Au milieu** : Comment l'histoire continue-t-elle ?
– **À la fin** : Comment l'histoire se termine-t-elle ?

b. Cherche pourquoi tu l'aimes, par exemple : *c'est une histoire drôle, triste, vraie, imaginaire, pleine d'aventures, qui fait un peu peur...* Donne des exemples : *cette histoire fait peur quand les bandits ont enfermé le chat dans une cave ; elle est imaginaire car le chat téléphone avec son portable.*

Présenter son travail

3 Avec ton voisin, imagine une histoire à partir de ces illustrations. Entraînez-vous à bien la dire pour la raconter à la classe.

Garfield, tome 22, Jim Davis
© 2012 Paws, Incorporated, all rights reserved.

La langue au service des textes

4 Retrouve les mots qui montrent que c'est la nuit.

a. La lune brille.

b. Le Petit Poucet aperçoit une lanterne.

c. Il fait noir.

d. Les étoiles scintillent.

5 **Retrouve les mots qui parlent d'un lieu et choisis le dessin qui correspond à ce lieu.**

Tout en haut de la colline, un petit garçon plonge dans les buissons qui bordent le chemin.

A

B

6 **Quelles sont les expressions que l'on peut trouver au début d'une histoire ?**

a. Il était une fois … b. Mais tout à coup …
c. Et puis soudain … d. Il y avait au temps jadis …

7 **Classe les expressions dans le tableau.**

maintenant – en ce temps-là – il y a bien longtemps – de nos jours – aujourd'hui

Histoire racontée au passé	Histoire racontée au présent
…	…

8 **Tous ces mots ont presque le même sens sauf un. Trouve l'intrus.**

les actions – les personnages – les faits – les aventures – les événements

9 **Retrouve l'ordre de cette histoire grâce aux mots soulignés.**

a. Un jour de printemps, Apollon vit la très belle Daphné qui passait en courant.
b. Mais finalement, Daphné se transforma en arbre, le laurier.
c. Alors il tomba amoureux d'elle et il chercha à l'attraper.

10 **Complète les phrases.**

Et depuis ce temps-là – Autrefois – Mais un jour

a. … le corbeau était tout blanc, comme la neige.
b. … il voulut attraper une libellule et tomba dans l'eau sale d'une mare.
c. … ses plumes sont plus noires que la nuit.

Ateliers sur les notions

11 **Complète les phrases avec les verbes suivants.**

raconte – arrive – présente

a. Dans une histoire, il … toujours quelque chose.
b. Une histoire … des personnages et leurs actions.
c. Quand on … quelque chose, c'est une histoire.

12 **Trouve les phrases que tu peux lire dans une histoire.**

a. Il était une fois un jeune et gentil garçon.
b. Le chameau peut rester plusieurs jours sans boire.
c. La fourchette en colère cria : « Je ne veux plus d'épinards. »

13 **Complète chaque phrase par le verbe qui indique une action ou une transformation.**

a envoyé – s'est déguisé – a chanté – est devenu

a. Le loup … en mouton.
b. Pierre … le ballon jusqu'au but.
c. Le lac … noir et bouillant.
d. La cigale … tout l'été.

14 **Associe chaque indication de lieu, de temps ou de personnage à son illustration.**

au bord de la mer – en hiver – un petit soldat de plomb

A

B

C

15 Classe ces phrases pour retrouver l'ordre de l'histoire.

a. Plus jamais il ne revint dans son lointain pays.
b. Il y avait autrefois un pirate nommé Kunejambe.
c. Un jour en creusant la terre, il découvrit un magnifique trésor.

Début de l'histoire	Milieu de l'histoire	Fin de l'histoire
...	...	...

16 Associe chaque phrase à une catégorie d'histoire.
une histoire triste – une histoire effrayante – une histoire drôle

a. Les dents du monstre grincèrent.
b. La nouvelle farce était la plus amusante.
c. La petite fille aux allumettes pleurait.

Écrire pour mieux lire

17 À ton tour d'imaginer une histoire de ton choix. Pour cela, choisis un élément de chaque colonne. Recopie ensuite ton histoire.

Début	Milieu	Fin
Autrefois, dans un jardin, un puceron s'ennuyait.	Donc il bondit sur une étoile filante.	Depuis, il voyage et se promène partout.
En l'an 2824, le martien ZKA rêvait de grands voyages.	Comme un mouton passait par là, il grimpa sur son dos.	Puis il rentra chez lui avec plein de souvenirs.
Sur une île lointaine, Ulysse était prisonnier d'un monstre.	Alors il monta dans une fusée qui s'envola.	Et on ne le revit jamais.

18 Écris une histoire correspondant à ces dessins.

A

B

C

19 Voici le début et la fin d'un conte. Le milieu a été perdu, à toi de l'inventer.
Pour t'aider, imagine comment la coccinelle a pu se transformer.

Il y a bien longtemps la coccinelle était d'un beau rouge uni. Pas une tache sur son corps ! Elle pouvait se cacher dans les coquelicots pour attraper les pucerons qui ne la voyaient pas venir.

....

....

....

....

Maintenant, la coccinelle a des petits points noirs et ne peut plus se cacher dans les coquelicots. Mais elle mange toujours des pucerons !

As-tu bien compris ?

Réponds par Oui ou Non.

a. Dans une histoire, il se passe toujours quelque chose.

b. Les personnages des histoires font des actions.

c. Toutes les histoires sont des contes.

Lis ce texte.

Un matin, à Lille, M. Blanchet, expert-comptable, se rendait à la banque. [...] C'était une belle journée. Il n'y avait pas le moindre brouillard. On voyait même le ciel, et dans le ciel, chose incroyable pour un mois de novembre, le soleil brillait. M. Blanchet était content et, marchant d'un pas allègre[1], il chantonnait : « Quelle belle journée, quelle belle journée, quelle belle, belle journée. Belle, belle, belle journée... » Tout à coup, pourtant, il oublia de chanter, il oublia de marcher. Il resta là, bouche bée[2], à regarder en l'air.

Gianni Rodari, *Histoires à la courte paille*,
« Le jour où il plut des chapeaux à Lille »

1 Que se passe-t-il ?

2 Trouve des mots qui montrent que M. Blanchet est surpris.

3 Quelle partie de l'histoire viens-tu de lire ?

[1] Allègre : joyeux.

[2] Bouche bée : bouche ouverte.

Retenons

- Les histoires racontent une ou plusieurs actions ou transformations d'un personnage.
- Le lieu et le moment des histoires sont importants.
- Les histoires sont construites avec un début (qui présente souvent le lieu, le moment, les personnages), un milieu où les actions se déroulent et une fin.
- Il existe toutes sortes d'histoires, par exemple : drôles ou tristes, imaginaires ou vraies.

Chapitre 6

J'identifie les personnages

Que sais-tu déjà ?

Et toi, combien de personnages comptes-tu ?

Dans une petite maison, tout près de la forêt, vivaient un vieux et une vieille. Un jour, le vieux dit à la vieille :

– J'aimerais bien manger une galette…

– Je pourrais t'en faire une, répond la vieille […].

Avec les grains de blé elle fait de la farine ; avec la farine elle fait une galette et puis elle met la galette à cuire au four.

Et voilà la galette cuite.

– Elle est trop chaude ! crie le vieux. Il faut la mettre à refroidir !

Et la vieille pose la galette sur la fenêtre.

Au bout d'un moment la galette commence à s'ennuyer. Tout doucement elle se laisse glisser du rebord de la fenêtre, tombe dans le jardin et continue son chemin.

Elle roule, elle roule toujours plus loin… Et voilà qu'elle rencontre un lapin.

– Galette, galette, je vais te manger, crie le lapin.

– Non, dit la galette, écoute plutôt ma petite chanson.

Et le lapin dresse ses longues oreilles.

Je suis la galette, la galette,
Je suis faite avec le blé ramassé
dans le grenier.
On m'a mise à refroidir,
Mais j'ai mieux aimé courir !
Attrape-moi si tu peux !

Et elle se sauve si vite, si vite qu'elle disparaît dans la forêt.

Roule galette, Natha Caputo © Flammarion, 1952.

Comment reconnais-tu un personnage ?

Lecture 1

❶ **Crapaud** : c'est un animal qu'on trouve près des mares, dans les forêts ou les jardins. Il vit environ 8 ans et, en hiver, il creuse un trou pour se protéger du froid. Il mange des insectes et des vers. Au printemps, la femelle pond des milliers d'œufs, qui deviennent ensuite des têtards puis se transforment en crapauds.

❷ Par une belle matinée d'été, Arno le crapaud a décidé d'aller déclarer sa flamme[1] à Linette la rainette[2]. Elle est là, assise, superbement verte…
– Bonjour Linette, lui dit le petit crapaud. Je suis venu te dire que…
Mais la belle verte l'interrompt aussitôt :
– C'est toi qui sens mauvais comme ça, Arno ?
– Eh bien non, en voilà des façons ! Dis carrément que je sens le poisson !
– Mais non, mon bougon[3]… Mais tu ne trouves pas que ça ne sent pas bon ? insiste Linette.
– Si, mais ce n'est pas une raison. Regarde, c'est sûrement ce bidon !
En effet, un bidon tout rouillé se rapproche d'eux, flottant sur l'eau.

Dégoûtant !, Antoine Guilloppé © Éditions Glénat.

❶ **Déclarer sa flamme :** dire son amour.
❷ **La rainette :** la petite grenouille.
❸ **Bougon :** râleur, de mauvaise humeur.

Itinéraire A

1 Dans quel texte le crapaud a-t-il un prénom ?

2 Pourrais-tu rencontrer le crapaud du texte ❷ ? Pourquoi ?

3 Classe dans le tableau les phrases et les images.

a. Il se nourrit.
b. Il s'habille.
c. Il parle.
d. Il pond des œufs.

e.

f.

Le crapaud qu'on trouve dans la nature	Le crapaud qu'on trouve dans les histoires
…	…

Itinéraire B

1 Dans quel texte le crapaud est-il un personnage ? Dis pourquoi.

2 Retrouve deux informations sur le crapaud qui vit dans la nature.

3 Complète la fiche d'identité du personnage à partir du texte ❷ et de l'illustration.

Prénom : …

Taille : …

Portrait : …

Caractère : bougon

Vêtements : …

Je prononce avant de lire

- un insecte – une femelle – un œuf – des œufs – ils deviennent
- la rainette – elle l'interrompt – bougon – rouillé •• un limaçon – ils aperçurent

•• Lecture 2

Un voleur se dirige vers une ferme pour y voler du vin.

Sur son chemin, il rencontra un bâton bien noueux. [...] Ce bâton lui demanda :

– Où vas-tu donc d'un si bon pas et en pleine nuit ?

Le bonhomme ne fit pas de mystère :

– Je m'en vais voler un peu de vin. Veux-tu m'accompagner ?

– Avec plaisir !

Un peu plus loin, ils rencontrèrent un limaçon.

– Où allez-vous à une heure pareille ?

– Nous allons voler un peu de vin. Veux-tu nous accompagner ?

– Avec plaisir !

Au détour d'un sentier, ils aperçurent un clou long comme la main.

– Où allez-vous donc alors que les poules dorment encore ?

– Nous allons voler un peu de vin. Veux-tu nous accompagner ?

– Avec plaisir !

À quelques pas de là, ce fut un coq qui les aborda.

– Où allez-vous donc par cette nuit noire comme un four ?

– Nous allons voler un peu de vin. Veux-tu nous accompagner ?

– Avec plaisir !

Un voleur sachant voler, in *Mille ans de contes pour rire* © Anne Jonas / Éditions Milan.

Itinéraire A

1 Qui sont les personnages de ce conte ? Retrouve l'intrus.

le voleur – un limaçon – les poules – un bâton – un clou – un coq

2 Choisis les bonnes réponses. Dans ce conte :

a. Tous les personnages sont contents.
b. Les poules accompagnent le voleur.
c. Les animaux et les objets parlent et marchent.

3 Classe les personnages du conte dans le tableau.

Humain	Animaux	Objets
...	...	...

Itinéraire B

1 Trouve les mots qui remplacent « le voleur » dans ce conte :

il – cet homme – le bandit – le bonhomme

2 Choisis les bonnes réponses.

a. Tous les personnages parlent et se déplacent.
b. Le voleur se fait trois amis.
c. Tous les personnages sont d'accord.

3 Choisis les illustrations correspondant à « vous », ligne 12. *Où allez-vous donc alors que les poules dorment encore ?*

Qui peut être un personnage ?

Lecture 1

L'Épouvantail entre dans la grande salle du Trône de la merveilleuse cité d'Émeraude.

Il aperçut, assise sur le trône d'émeraudes❶, une dame des plus ravissantes. Elle était vêtue d'une gaze❷ de soie verte et portait, sur sa chevelure verte toute bouclée, une couronne de joyaux❸. De ses épaules partaient des ailes aux reflets splendides et si légères qu'elles frissonnaient au moindre souffle.

Devant cette belle personne, l'Épouvantail fit une gracieuse révérence❹, autant qu'on peut le faire quand on est bourré de paille ; puis celle-ci le regarda gentiment et dit :

– [...] Qui êtes-vous et que me voulez-vous ? [...]

– Je ne suis qu'un Épouvantail bourré de paille. C'est pourquoi je n'ai pas de cervelle, et je viens vous supplier de m'en mettre un peu dans la tête...

Le magicien d'Oz, L. Frank Baum © Éditions Nord-Sud.

❶ Des émeraudes : des pierres précieuses vertes.

❷ De la gaze : du tissu très fin.

❸ Des joyaux : des bijoux.

❹ Fit une gracieuse révérence : se pencha pour saluer.

Itinéraire A

❶ **Qui sont les personnages de ce texte ?**

❷ **Retrouve les mots qui décrivent la dame.**

des cheveux d'or – belle – gracieuse – ravissante – une chevelure verte – bouclée

❸ **Choisis parmi ces 3 portraits celui qui correspond au texte.**

Itinéraire B

❶ **Complète le tableau avec les expressions ou les phrases.**

Pour décrire la beauté et la richesse	Pour décrire la simplicité et la pauvreté
...	...

❷ **Retrouve les expressions qui montrent que l'Épouvantail est un personnage.**

❸ **Choisis seulement les mots qui désignent la merveilleuse femme.**

elle – une belle personne – une dame – celle-ci – elles – une révérence

Je prononce avant de lire

- • assise – ravissantes – la gaze – la soie – splendides – elles frissonnaient
- •• alléché – Monsieur – aux dépens de – honteux

•• Lecture 2 *Le Corbeau et le Renard*

Maître Corbeau, sur un arbre perché,
Tenait en son bec un fromage.
Maître Renard, par l'odeur alléché[1],
Lui tint à peu près ce langage :
« Hé ! bonjour, Monsieur du Corbeau.
Que vous êtes joli ! que vous me semblez beau !
Sans mentir, si votre ramage[2]
Se rapporte à votre plumage,
Vous êtes le Phénix des hôtes de ces bois[3]. »
À ces mots le Corbeau ne se sent pas de joie[4] ;
Et pour montrer sa belle voix,
Il ouvre un large bec, laisse tomber sa proie[5].
Le Renard s'en saisit, et dit : « Mon bon Monsieur,
Apprenez que tout flatteur
Vit aux dépens de[6] celui qui l'écoute :
Cette leçon vaut bien un fromage, sans doute. »
Le Corbeau, honteux et confus,
Jura, mais un peu tard, qu'on ne l'y prendrait plus.

Fables, Jean de La Fontaine.

1. Alléché : attiré.
2. Le ramage : le chant.
3. Le Phénix des hôtes de ces bois : l'oiseau le plus extraordinaire de tous ceux des bois.
4. Ne se sent pas de joie : est très content.
5. Sa proie : ici le fromage.
6. Vit aux dépens de : vit grâce à.

Itinéraire A

1. **Retrouve les mots utilisés pour parler du renard.**
   Maître Renard – honteux – le Renard – flatteur – mon bon Monsieur – votre ramage
2. **Choisis les phrases justes.**
   a. Le renard voudrait manger le fromage.
   b. Le corbeau n'ouvre jamais le bec.
   c. Le renard fait chanter le corbeau.
3. **Classe les illustrations dans l'ordre de l'histoire.**

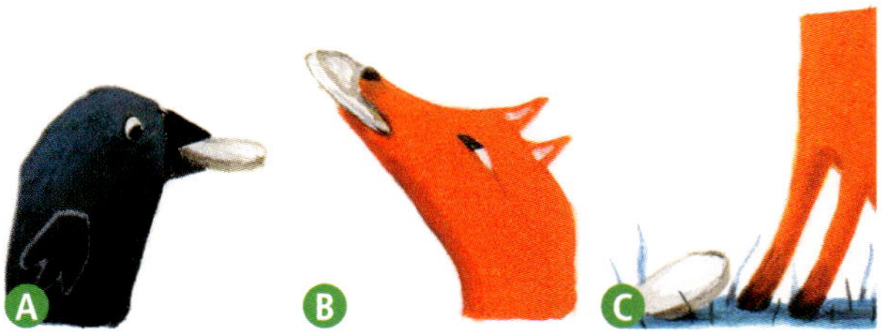

A B C

Itinéraire B

1. **Complète le tableau des personnages.**
   Maître Corbeau – Maître Renard – votre ramage – Monsieur du Corbeau – votre plumage – sa belle voix – flatteur – le Phénix des hôtes de ces bois – mon bon Monsieur

On parle du corbeau	On parle du renard
…	…

2. **Retrouve les mensonges du renard.**
   a. Le corbeau a une très belle voix.
   b. Le corbeau a un beau plumage.
   c. Le corbeau a un beau bec.
3. **Choisis ce qui se rapporte au renard.**
   Il est rusé. – Il parle. – Il a honte.

Quelles sont les relations des personnages entre eux ?

Lecture 1 *Le roi Babar*

L'album *L'Histoire de Babar le petit éléphant* a été publié en 1931. Il a été écrit et illustré par Jean de Brunhoff et raconte les aventures d'un petit éléphant qui se réfugie en ville pour échapper aux

Zéphir rencontre son ami Arthur et tout à coup ils aperçoivent une longue file de dromadaires, il y a en a tant qu'on ne peut pas les compter. Ils apportent à Babar ses gros bagages et tout ce qu'il avait acheté chez les hommes pendant son voyage de noce. Babar leur dit :

« Merci, Messieurs. Vous devez être fatigués, reposez-vous à l'ombre de ces palmiers. »

Je prononce avant de lire

• un dromadaire – un voyage – ayant – les outils – nécessaires – Célesteville – vieille

chasseurs. Une gentille vieille dame l'aide. Dans d'autres albums, il se marie avec Céleste, il devient roi, il voyage en ballon. Dans *Le roi Babar*, il construit une ville.

Puis ayant réuni les éléphants, Babar prononce ces paroles : « Mes amis, j'ai dans ces malles, ces ballots et ces sacs, des cadeaux pour chacun de vous, et tous les outils nécessaires à la construction de notre ville. Cette ville, la ville des éléphants, je vous propose de l'appeler Célesteville en l'honneur de votre reine.

– La bonne idée ! La bonne idée ! » crient tous les éléphants.

Tous se mettent à l'ouvrage. Heureux, ils cognent, tirent, poussent, bêchent, jettent, portent et ouvrent toutes grandes leurs oreilles pour écouter les disques de la vieille dame.

Le roi Babar, Jean DE BRUNHOFF © Librairie Hachette, 1939.

Quelles sont les relations des personnages entre eux ?

Itinéraire A

1 **Complète le tableau des personnages dont on connaît le nom.** *Attention aux intrus.*

le roi des éléphants
un petit éléphant en costume marin
les dromadaires
tous les éléphants
la reine des éléphants

Arthur	…
Zéphir	un petit singe
Babar	…
Céleste	…
la vieille dame	la dame qui a élevé Babar

2 **Relève deux indices qui montrent que Babar est le héros. Tu peux chercher dans le texte et les illustrations.**

3 **Classe les personnages du plus important au moins important. Explique ton choix.**

A

B

C

Itinéraire B

1 **Trouve le nom des personnages d'après les renseignements. Utilise le texte et les illustrations.** *Exemple : C'est un petit singe. Il distribue les outils : Zéphir.*

a. C'est le roi des éléphants.
Il porte un costume vert.
b. C'est un petit éléphant.
Il fouille dans une caisse.
c. C'est une vieille dame. Elle passe des disques.
d. C'est la reine des éléphants.
Elle porte une couronne et une robe rouge.

2 **À ton avis, qui sont les personnages principaux ? Comment les reconnais-tu ?**

3 **Choisis ce qui est vrai.**

a. Le héros est Babar.
b. Les dromadaires sont des personnages secondaires.
c. On connaît le nom des éléphants qui construisent la ville.
d. Les personnages sont tous des animaux.

4 **Associe les phrases et les illustrations.**

a. C'est le héros de l'histoire.
b. C'est un personnage principal.
c. C'est un personnage secondaire.

1

2

3

Je prononce avant de lire •• sinistre – boutonneux – hélas – une dot

•• Lecture 2

Le Vent lugubre[1] :	Hououououou chuiiiiiii !
Pomdarinette *(en larmes)* :	Je suis seule et perdue au milieu de cette lande sinistre et désolée[2]. La nuit va bientôt tomber. Où aller ? Que faire ?
Le Crapaud boutonneux :	Qui es-tu ? Pourquoi pleures-tu ? Que fais-tu seule et triste au milieu de cette lande sinistre et désolée ?
Pomdarinette :	Je suis Pomdarinette, la fiancée du prince Pomdarino. Mais, hélas, jamais-jamais-jamais je ne pourrai l'épouser, bouhoo bouhoo… *(Ses sanglots l'étouffent.)*
Le Crapaud boutonneux :	Pourquoi, il ne t'aime plus ?
Pomdarinette *(hoquetant[3])* :	Si. Mais le roi son père veut que j'apporte en dot[4] une poule aux œufs d'or !
Le Crapaud boutonneux :	Si ce n'est que ça, c'est facile.
Pomdarinette :	Ne te moque pas de moi. Je suis très malheureuse.
Le Crapaud boutonneux :	Mouche-toi et écoute-moi !
Pomdarinette :	Je t'écoute, Crapaud boutonneux.
Le Vent lugubre :	Hououououou chuiiiiiii !
Le Crapaud boutonneux :	Viens, je vais te le dire à l'oreille pour que le vent ne l'entende pas !

Pipistrello et la poule aux œufs d'or, Elzbieta © Rouergue, 2005.

[1] **Lugubre** : très triste.
[2] **Une lande sinistre et désolée** : un paysage de campagne triste.
[3] **Hoquetant** : en pleurant.
[4] **Une dot** : l'argent, les biens qu'une jeune fille apporte en se mariant.

Itinéraire A

1. **Quels sont les noms des personnages présents ?**
2. **Choisis la bonne phrase.**
   a. Pomdarinette a peur de ne pas épouser Pomdarino.
   b. Pomdarinette cherche Pomdarino dans la lande.
   c. Pomdarinette apporte au roi une poule magique.
3. **Qui est l'ami de Pomdarinette ? Qui sont ses ennemis ?**

Itinéraire B

1. **Classe dans le tableau.**
   Pomdarinette – le Crapaud boutonneux – le roi – le prince Pomdarino – le Vent lugubre

Personnages présents	Personnages dont on parle
…	…

2. **Quel est le problème de Pomdarinette ?**
3. **Qui va aider Pomdarinette ?**

Connais-tu bien le personnage du loup ?

• Lecture

1 *Le Loup et l'Oiseau*

Un matin, le Loup attrapa un Oiseau.
Dès qu'il fut dans la gueule du Loup, l'Oiseau déclara :
– Je suis tout petit, mais ma chair est vraiment délicate.
– Je sais, répondit le Loup.
Voyant s'entrouvrir la porte de sa prison, l'Oiseau s'envola.

Dix-neuf fables du méchant loup, Jean Muzi © Flammarion, 1987.

2 *Le Petit Chaperon rouge va voir sa grand-mère malade, et elle le dit au Loup.*

« Eh bien, dit le Loup, je veux l'aller voir aussi ; je m'y en vais par ce chemin ici, et toi par ce chemin-là, et nous verrons qui plus tôt y sera. » Le Loup se mit à courir de toute sa force par le chemin qui était le plus court, et la petite fille s'en alla par le chemin le plus long, s'amusant à cueillir des noisettes, à courir après des papillons, et à faire des bouquets des petites fleurs qu'elle rencontrait. Le Loup ne fut pas longtemps à arriver à la maison de la Mère-grand ; il heurte : toc, toc. « Qui est là ? – C'est votre fille le Petit Chaperon rouge (dit le Loup, en contrefaisant sa voix) qui vous apporte une galette et un petit pot de beurre que ma Mère vous envoie. » La bonne Mère-grand, qui était dans son lit à cause qu'elle se trouvait un peu mal, lui cria : « Tire la chevillette, la bobinette cherra. » Le Loup tira la chevillette et la porte s'ouvrit. Il se jeta sur la bonne femme, et la dévora en moins de rien ; car il y avait plus de trois jours qu'il n'avait mangé.

Le Petit Chaperon rouge, Charles Perrault.

3 Autrefois, les loups [...] vivaient au plein cœur de l'Europe. [...] C'est l'espèce canine la plus grande, atteignant 1 m de haut et pesant 75 kg. On trouve également de petits loups pesant seulement 20 kg en Inde. [...] Les loups [...] peuvent vivre dans les bois, dans les régions semi-désertiques ou montagneuses. [...] Ils ont de longues pattes puissantes, un large poitrail[1] et des oreilles pointues.
Leur nourriture est variée et passe de plantes, même des pommes de terre, à de petits animaux, il leur arrive d'attaquer des cerfs, l'hiver. Les loups n'attaquent que des hommes sans défense et que lorsqu'ils sont en meute[2].

Les animaux sauvages, Peter Merlin © DR.

[1] **Le poitrail** : le devant du corps des animaux.

[2] **La meute** : le groupe.

Je prononce avant de lire
- délicate – s'entrouvrir
- cueillir – en contrefaisant
- un poitrail
- une expédition – une corbeille

4 *L'enfant des loups*

En cherchant de la nourriture, Fi-Loup a découvert un bébé dans un panier. Il le rapporte à sa famille car il pense que c'est un petit cochon.

Réunie autour du berceau, la famille regardait le bébé.
– Ce n'est pas un cochon de lait[1], annonça la mère.
Le père le renifla de la tête aux pieds avant de déclarer :
– Ça ne se mange pas, c'est de l'homme.
– De l'homme ? s'écrièrent tous les autres. Tu en es sûr ?
– Absolument. J'ai déjà perçu cette odeur au cours de mes expéditions[2].
– Que va-t-on faire de lui ? demanda Grand'Pa. On ne peut pas le laisser ici. [...]
– Pourquoi ne pas l'emmener chez nous ? proposa Man-Loup. Il est si mignon. Je ferais de lui un adorable petit loup.
– C'est impossible, reprit le père. Il deviendrait vite un deux-pattes et la tanière[3] serait trop petite pour lui. Il faut le rapporter chez les hommes.
Ils se remirent en route, à la queue leu leu, Pa-Loup portant la corbeille entre ses puissantes mâchoires.

Quand on parle du loup..., Alain Surget, coll. « Cascade » © Rageot.

1 Un cochon de lait : un très jeune cochon.

2 Des expéditions : des voyages.

3 La tanière : l'abri, l'habitation des loups.

Itinéraire A · Textes 1 et 4

1 Choisis les mots qui conviennent pour le loup du texte 1.

méchant – intelligent – puni – stupide

2 Complète la fiche d'identité d'après le texte 4.

Prénom : **Fi-Loup**
Nom du père : ...
Nom de la mère : ...
Nom du grand-père : ...
Adresse : **la tanière**
Déplacement : **à la queue leu leu**
Nourriture préférée : ...
Mission : **sauver le bébé**

Itinéraire B · Tous les textes

1 Retrouve le numéro du texte correspondant.

a. Le loup déguisé en grand-mère prend une petite voix.
b. Le loup rapporte le bébé chez ses parents.
c. La gueule du loup est comme une prison.

2 Associe ce qui va ensemble.

a. Le loup est un ami.
b. Le loup n'est pas un personnage.
c. Le loup est rusé.
d. Le loup est stupide.
e. Le loup est un ennemi.
f. Le loup vit en famille.

- Texte 1
- Texte 2
- Texte 3
- Texte 4

Cette image est une gravure de Grandville, dessinateur et graveur français. Il a illustré de nombreux livres, comme *Les fables* de La Fontaine en 1838.

▶ *La gravure est l'art de dessiner en creusant du bois, de la pierre, du métal, du lino pour obtenir une image. Cette image sur papier est appelée une gravure.*

Le pot de terre et le pot de fer © Jean de La Fontaine, gravure de GRANDVILLE, coll. Jonas / Kharbine-Tapabon.

1. **Qu'observes-tu sur cette gravure ?**
2. **Compte les personnages présents.**
3. **Explique pourquoi les deux pots sont des personnages.**
4. **La légende de l'illustration est le titre d'une fable de La Fontaine. Quel est ce titre ? Essaie d'imaginer ce que peuvent se dire les deux pots.**

Oral

Lire à haute voix

Pour bien lire les paroles des personnages dans un texte, voici ce que tu peux faire.

a. Lis le texte silencieusement.
b. Repère tous les personnages.
c. Surligne les paroles des personnages et indique quel personnage parle.
d. Entoure en noir les points de fin de phrase, en rouge les points d'exclamation et les points d'interrogation (la voix monte quand on les rencontre).
e. Entraîne-toi à lire les mots nouveaux.
f. Prépare les liaisons, par exemple : *des ailes*.

1 **Exerce-toi maintenant sur le texte *L'enfant des loups* page 109. Puis, distribuez-vous les rôles et entraînez-vous à lire le texte ensemble.**

2 **Dans la fable *Le Corbeau et le Renard* page 103, repère les paroles du corbeau et du renard. Par quels signes sont-elles encadrées ?**

3 **À trois, entraînez-vous à bien lire *Le Corbeau et le Renard*, pour montrer qu'il y a deux personnages et un narrateur qui raconte l'histoire.**

Prendre la parole devant le groupe

4 **Choisis un personnage de livre, de dessin animé ou de cinéma. Présente-le à tes camarades en expliquant pourquoi tu l'as choisi.**

a. Pour t'aider à présenter un personnage, prépare sa fiche d'identité :

Nom : ... Prénom : ...
Âge : ... Adresse : ...
Métier : ... Ami : ...
Ennemi : ... Ce qui lui arrive : ...

b. Cherche pourquoi tu l'aimes, par exemple : *c'est un personnage amusant – gentil – fort – courageux – maladroit...*
Donne des exemples : *il est amusant parce qu'il fait des petites bêtises et raconte toujours des histoires à ses camarades. Tu aimerais bien être son ami.*

Présenter son travail

5 **Avec tes voisins, imagine les paroles des personnages de cette BD. Écrivez-les. Puis jouez la scène devant la classe.**

Tom-Tom et Nana, La salsa des saucisses © Éditions Bayard.

La langue au service des textes

6 Complète les portraits avec les mots suivants.
rouges – noirs – vert – blanche

Avec sa peau ... comme la neige, ses joues ... comme le sang et ses cheveux ... comme l'ébène, Blanche-Neige semblait dormir.

Blanche-Neige, les Frères Grimm.

Il y avait une fois un homme qui était ... comme l'herbe et qui n'avait qu'un œil au milieu du front.

Le Roi des corbeaux, les Frères Grimm.

7 Trouve les mots qui te permettent de choisir la bonne illustration.

La belle avait le teint frais et rose, des cheveux noirs et bouclés ornés d'un ruban rouge, des yeux bleus et brillants.

La belle paresseuse, B. Bottet © Casterman.

8 Classe les mots dans le tableau.

féroce – dévorer – joueur – souriant – cruel – effrayant – charmant – aider

Méchant loup	Gentil loup
...	...

9 Tous ces mots veulent dire la même chose sauf un. Trouve l'intrus.

le héros – le personnage principal – le personnage secondaire – l'héroïne

10 Associie chaque personnage à son nom.

Aimée Beaupain •	• Un oiseau
Rosirose •	• Un martien
ZHF3862 •	• Une boulangère
Cuicuic •	• Une fleur

11 Choisis les mots que tu peux utiliser pour parler de chaque personnage illustré.

le détective – la policière – elle – le voleur – il – la dame en uniforme – l'homme à la loupe – le cambrioleur

12 Lis ce texte, puis réponds par Vrai ou Faux.

L'ogre fit un très bon repas. Puis, il se mit à compter des petits sacs pleins de pièces d'or et s'endormit. Jacques sortit alors de sa cachette, prit un des sacs et se sauva en courant.
Grâce à ces pièces d'or, (lui) et sa mère vécurent sans problèmes pendant un certain temps.
Mais un jour, le petit sac fut vide et le *garçon* décida de retourner au château pour refaire des provisions.

D'après *Jacques et le haricot magique*.

a. Le mot souligné représente l'ogre.
b. Le mot entouré représente l'ogre.
c. Le mot *garçon* représente l'ogre.

Ateliers sur les notions

13 Classe les phrases dans le tableau suivant.

Tu peux trouver ces phrases dans une histoire pour parler d'un personnage	Tu peux trouver ces phrases dans un texte documentaire
...	...

a. L'arbre mesure quatre mètres de haut.
b. L'arbre part en courant dans la forêt.
c. Avec sa grosse voix, l'arbre gronde l'écureuil.
d. Les feuilles des arbres tombent en automne.

14 Indique les mots qui montrent que la galette est un personnage.

a. La galette s'ennuie sur le bord de la fenêtre.
b. La galette se laisse glisser par terre.
c. La galette parle au lapin et chante.

15 Complète les phrases a. et b. pour parler d'un renard dans un texte documentaire. Puis complète les phrases c. et d. pour parler d'un renard, personnage d'une histoire. Tu peux t'aider des mots proposés.

invite – attrape – embrasse – mange

a. Le renard ... le lapin.
b. Le renard ... le lapin.
c. Le renard ... le lapin.
d. Le renard ... le lapin.

16 Retrouve le livre dont le héros est :
une femme-poisson – un chat – un ours.

A : C. Perrault, ill. de F. Marcellino, coll. « L'heure des histoires » © Éditions Gallimard Jeunesse. B : D'après Andersen, ill. de C. Gastaut © Flammarion 2005 avec l'aimable autorisation des auteurs et de Flammarion. C : M. Colmont, ill. de F. Rojankovski © Flammarion, 1941 avec l'aimable autorisation des auteurs et de Flammarion.

17 Lis ces titres de contes que tu connais peut-être déjà. À ton avis, qui sont le ou les héros ?

Le Vilain Petit Canard – Tom Pouce – Jack et le haricot magique – Le Petit Chaperon rouge – Histoire de Blondine – Les Trois Petits Cochons – La Petite Poule rousse

18 Explique ce que veut le personnage du loup dans ce texte.

Le loup fit le tour de la maison en boitant d'une patte, mais les portes étaient bien fermées.
[...] Le loup donna un coup de nez sur le carreau pour faire entendre qu'il était là. [...]
– Bonjour, dit le loup. Il ne fait pas chaud dehors.

Le Loup in *Les contes du chat perché*, M. Aymé © Éditions Gallimard.

Écrire pour mieux lire

19 À ton tour d'imaginer un personnage de ton choix.

Je m'appelle ... .
Je suis ... .
J'aime ... .
Je voudrais ... .
Mon ami est ... .
Mon ennemi est ... .

20 Complète le portrait de ce personnage en ajoutant les détails de ton choix.

Dans la forêt, vivait une famille de bûcherons. Ils avaient une seule enfant qu'ils adoraient. La fillette était ... . Elle avait ... . Elle s'appelait ... . Elle aimait ... .

21 Continue l'histoire de Mimi Gomme et imagine qui elle va rencontrer.

Mimi Gomme était bien contente : elle avait enfin effacé le gros trait noir et retournait tranquillement chez elle. Mais au coin de la trousse, elle aperçut ... .

As-tu bien compris ?

Réponds par Oui ou Non.

a. Un animal ou une chose peuvent être des personnages.
b. Il y a des personnages dans les textes documentaires.
c. Quand un objet est un personnage, il peut parler.

Lis ce texte.

L'hôtesse de l'air se penche vers Marie.

– Marie ! Réveille-toi ! Nous allons atterrir à Brasilia.

La petite fille ouvre les yeux. Elle se sent un peu perdue !

– Où sont mes parents ? demande-t-elle.

– Tu as oublié ? s'étonne l'hôtesse. Tes parents sont restés en France.

Un sourire illumine le visage de la fillette. Maintenant, elle se souvient ! Elle part en vacances au Brésil. Son oncle José et son cousin Ricardo l'attendent à l'aéroport.

– Nous arrivons dans vingt minutes, dit l'hôtesse. Attache ta ceinture !

Marie colle son nez contre le hublot. Son regard plonge vers la mer immense qui brille sous le soleil. La côte apparaît bientôt, avec des bateaux minuscules et des plages de sable blanc.

Marie en Amazonie, C. Lamblin, F. Roudot © Éditions Sed.

1. **Quels sont les personnages qui parlent ?**
2. **Qui est l'héroïne ? Comment le sais-tu ?**
3. **Indique le personnage qui correspond aux mots soulignés.**

Retenons

- Dans les histoires, il y a toujours un ou plusieurs personnages.
- Les personnages peuvent être des humains, des animaux, ou des objets.

Ils ont souvent un nom, ils parlent, ils agissent.

- Le héros (ou l'héroïne) est le personnage le plus important.
- Les autres personnages, principaux et secondaires, sont ses amis ou ses ennemis.

Je sais où et quand se passe l'histoire

Chapitre 7

Que sais-tu déjà ?

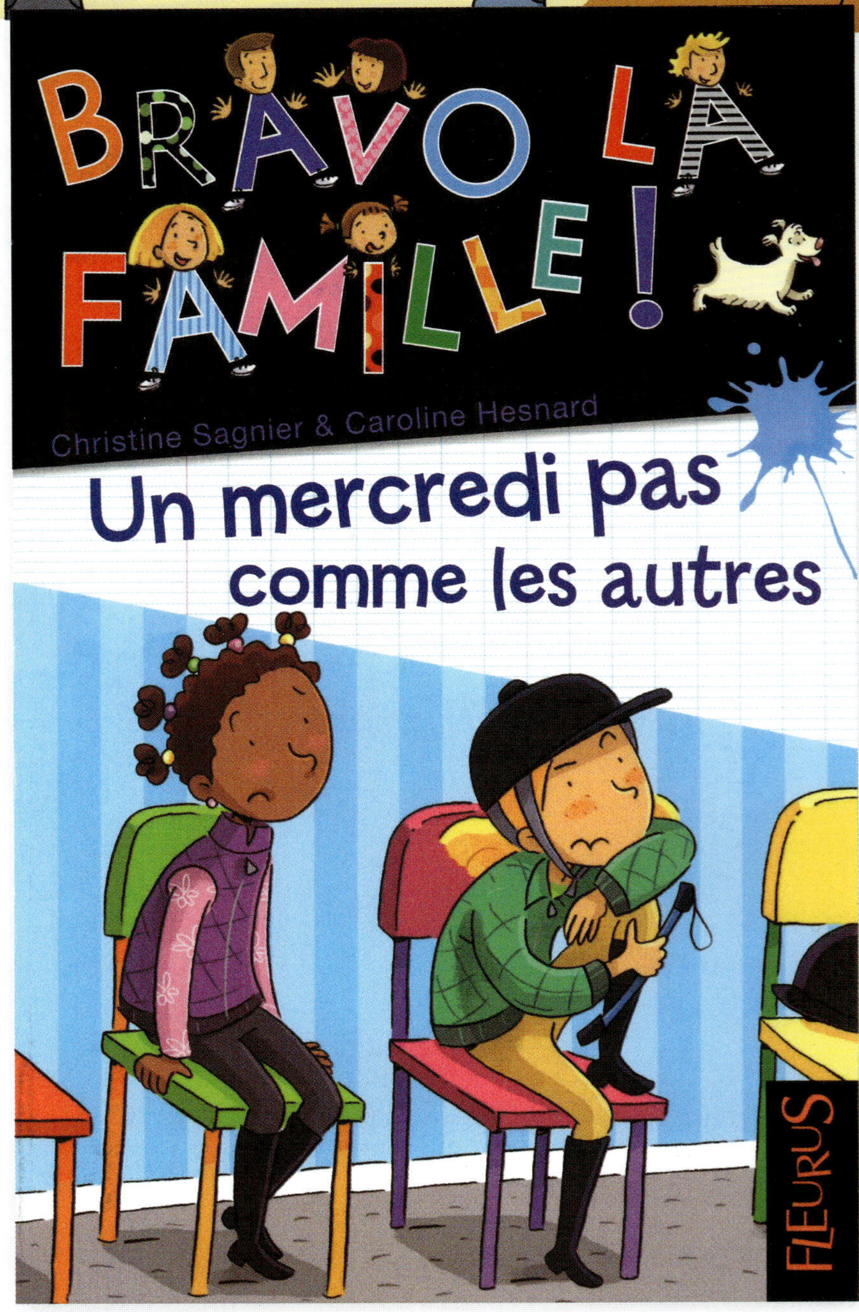

Qui a raison ?
Relève les éléments de la couverture du livre qui expliquent quand se déroule l'histoire.
À ton avis, dans quels lieux se passe l'histoire racontée dans ce livre ? Comment le sais-tu ?

Où se passe l'action ?

• Lecture 1

Le petit Ulysse, assis près de son chien Argos, se souvient de son ancienne maison.

« Argos, tu te rappelles notre maison en bois, près de la forêt ? »
La forêt, ils n'avaient pas le droit d'y aller… Trop sombre et trop dangereuse ! Mais un jour, ayant peut-être flairé[1] une bête sauvage, Argos s'était sauvé. Sans hésiter, Ulysse s'était enfoncé à son tour dans les fourrés[2]. Il dérapait[3] souvent sur les feuilles mouillées, mais il se relevait toujours pour continuer. Un instant, il s'était arrêté pour appeler Argos. Sa voix claire résonnait étrangement dans le silence de la forêt. Puis il avait entendu un aboiement. C'est en se faufilant[4] à l'intérieur d'un trou creusé dans la roche qu'Ulysse avait retrouvé son chien. Il faisait noir et humide dans la grotte, mais serré bien au chaud contre son ami, Ulysse n'avait plus peur.

Sacrés caractères, Mireille Vautier © Éditions Gallimard Jeunesse.

1. Flairé : senti.
2. Les fourrés : les buissons.
3. Dérapait : glissait.
4. Se faufilant : se glissant.

Itinéraire A

1 Où se trouve la maison en bois ?

2 Classe les groupes de mots.

une forêt sombre – contre son ami – une bête sauvage – une forêt dangereuse – serré bien au chaud – il faisait noir

Ulysse est effrayé	Ulysse est rassuré
…	…

3 Complète les phrases en relisant le texte.

s'enfonce – se sauve – se faufile

a. Argos … de la maison.
b. Ulysse … dans les fourrés.
c. Ulysse … à l'intérieur d'un trou.

Itinéraire B

1 Où se passe l'action ? Trouve l'intrus.

le trou – la forêt – la maison – les fourrés – la grotte

2 Remets dans l'ordre les lieux de l'histoire.

3 Comment sais-tu qu'Ulysse est courageux ?

• dangereuse – sans hésiter – un aboiement
•• un clos – un pieu – elle s'ennuiera – malheureusement

•• Lecture 2

Monsieur Seguin n'a pas de chance avec ses chèvres : elles se sauvent toutes dans la montagne où elles se font dévorer par le loup. Monsieur Seguin achète une nouvelle chèvre, Blanquette.

M. Seguin avait derrière sa maison un clos[1] entouré d'aubépines[2]. C'est là qu'il mit la nouvelle chèvre. Il l'attacha à un pieu, au plus bel endroit du pré, en ayant soin de lui laisser beaucoup de corde, et de temps en temps, il venait voir si elle était bien. La chèvre se trouvait très heureuse et broutait l'herbe de si bon cœur que M. Seguin était ravi.

– Enfin, pensait le pauvre homme, en voilà une qui ne s'ennuiera pas.

Un jour, elle se dit en regardant la montagne :

– Comme on doit être bien là-haut ! Quel plaisir de gambader dans la bruyère[3], sans cette maudite longe[4] qui vous écorche le cou ! [...]

À partir de ce moment, l'herbe du clos lui parut plus fade. L'ennui lui vint. Elle maigrit, son lait se fit plus rare. [...] M. Seguin s'apercevait bien que sa chèvre avait quelque chose, mais il ne savait pas ce que c'était... Un matin, comme il achevait de la traire, la chèvre se retourna et lui dit dans son patois[5] :

– Écoutez, monsieur Seguin, je me languis[6] chez vous, laissez-moi aller dans la montagne.

– Mais, malheureuse, tu ne sais pas qu'il y a le loup dans la montagne... Que feras-tu quand il viendra ?

– Je lui donnerai des coups de cornes, monsieur Seguin.

– Le loup se moque bien de tes cornes. Il m'a mangé des biques autrement encornées que toi... [...]

Là-dessus, M. Seguin emporta la chèvre dans une étable[7] toute noire, dont il ferma la porte à double tour. Malheureusement, il avait oublié la fenêtre.

La Chèvre de monsieur Seguin, Alphonse DAUDET.

1. **Un clos** : un pré entouré d'une barrière.
2. **Des aubépines** : des fleurs sauvages.
3. **La bruyère** : une plante à petites fleurs violettes.
4. **Une longe** : une corde.
5. **Dans son patois** : dans sa langue.
6. **Je me languis** : je m'ennuie.
7. **L'étable** : la maison où dorment les vaches.

Itinéraire A

1 **Dans quel lieu Blanquette passe-t-elle ses journées lorsqu'elle arrive chez monsieur Seguin ?**

a. dans une cage
b. dans un pré
c. dans une étable

2 **Pourquoi Blanquette a-t-elle envie d'aller dans la montagne ?**

3 **Que fait monsieur Seguin pour empêcher Blanquette de se sauver ?**

Itinéraire B

1 **Choisis les expressions qui parlent du lieu où vivent monsieur Seguin et Blanquette.**

une maison – un pré – la montagne – là-haut – une étable – le loup – la bruyère – des aubépines

2 **À quoi vois-tu que Blanquette s'ennuie chez monsieur Seguin ?**

3 **Selon toi, par où Blanquette va-t-elle s'échapper de l'étable ?**

Quand se passe l'action ?

• Lecture 1

Chaque matin, son grand-père apporte à Petra une orange coupée en quartiers.

Toutes les journées de Petra commençaient ainsi avec le jus sucré d'une orange de paradis et le sourire de Pepe Juanito.
Elle se levait alors, mangeait tous les morceaux d'orange et, une demi-heure plus tard, partait sur la petite route bordée d'aloès[1] qui menait à San Jose.
L'après-midi, quand elle revenait de l'école, elle apercevait de loin le chapeau noir de Pepe Juanito : il était assis dans l'ombre fraîche d'un olivier, les mains nouées sur sa canne, adossé à l'un des murs blancs qui bordaient la place de Presillas[2].
Il se levait lorsqu'elle arrivait près de lui, posait une main sur son épaule et ils rentraient ensemble par les ruelles encore brûlantes du soleil de l'après-midi.

Quartiers d'orange, Françoise Legendre et Natali Fortier © Éditions Thierry Magnier, 2005.

[1] Un aloès : un arbuste qui pousse dans les climats chauds.

[2] Presillas : nom du village où habite Petra.

Itinéraire A

1 Choisis la réponse qui convient. Le texte raconte :

a. une semaine de Petra.
b. une journée de Petra.
c. une matinée de Petra.

2 Classe chaque action dans le tableau.

Le matin	L'après-midi
…	…

a. Petra et Pepe Juanito rentrent ensemble.
b. Petra mange des morceaux d'orange.
c. Petra part pour San Jose.
d. Pepe Juanito apporte une orange à Petra.

3 Combien de fois par jour Petra est-elle seule avec son grand-père ?

a. 1 fois   b. 2 fois   c. 4 fois

Itinéraire B

1 Complète les phrases pour reconstituer la journée de Petra.

quand elle revient de l'école – une demi-heure plus tard – le matin

…, Petra mange une orange et …, elle part à l'école. L'après-midi, …, elle retrouve Pepe Juanito qui l'attend.

2 À ton avis, à quel moment de la journée Petra et son grand-père passent-ils le plus de temps ensemble ? Explique.

3 Quels mots du texte montrent que les journées de Petra sont toutes pareilles ?

Je prononce avant de lire

- • un morceau – l'aloès – un olivier – il est adossé
- •• la nuit – le bruit – les oisillons – hors – les bourgeons

•• Lecture 2 *Les petits flocons*

Cette nuit,
Sans bruit,
Les petits flocons[1]
Se sont enfuis
Comme des oisillons[2]
Hors du nid.

Cette nuit,
Sans bruit,
Les petits flocons
Ont butiné[3]
Comme des papillons
Dans le verger[4].

Cette nuit,
Sans bruit,
Les petits flocons
Se sont ouverts
Comme de fins bourgeons
Fleurs de l'hiver.

Les petits flocons, Albert Atzenwiler – DR.

[1] **Les flocons** : de petites masses de forme arrondie.

[2] **Des oisillons** : de très jeunes oiseaux.

[3] **Ont butiné** : sont allés de fleur en fleur.

[4] **Un verger** : un lieu où poussent les arbres fruitiers.

Itinéraire A

1. **De quelle matière les petits flocons de ce poème sont-ils constitués ?**
   a. de coton
   b. de céréales
   c. de neige
2. **À quel moment les flocons sont-ils tombés ?**
3. **Dans la première phrase, le poète compare les flocons à des oisillons. À quoi les compare-t-il dans les deux autres phrases ?**

Itinéraire B

1. **Combien de fois le mot qui désigne le moment de l'action est-il répété dans le poème ?**
2. **Associe ce qui va ensemble.**

Les oisillons •	• s'ouvrent et donnent des fleurs.
Les papillons •	• s'enfuient hors du nid.
Les bourgeons •	• butinent dans le verger.

3. **D'habitude, pendant quelle saison voit-on des papillons, des bourgeons et des fleurs ?**
   a. en hiver   b. au printemps

Comment repères-tu les déplacements dans une histoire ?

• Lecture

C'est la guerre entre les animaux. Le coq poursuit la hyène.

Contes africains en bandes dessinées. La Guerre entre les quadrupèdes et les oiseaux, scénario de GAET'S, dessins de BALOO © Éditions Petit à Petit.

Je prononce avant de lire

- la hyène – les serres – fracasser – la queue

43

❶ Les serres : les doigts et les griffes de certains oiseaux.

❷ Fracasser : casser.

❸ Se coula : se glissa.

❹ La tanière : l'abri.

Itinéraire A

1 Que font la hyène et le coq au début de cet extrait ?

2 Retrouve les déplacements des personnages.

	• tombe.
Le coq •	• court.
La hyène •	• vole.
	• se cache.

3 Indique les cases où tu vois la hyène :

- dans l'herbe : à l'extérieur.
- dans sa tanière : à l'intérieur.

Itinéraire B

1 Rétablis le trajet de la hyène.

Au début, •	• la hyène est au fond de son trou.
Au milieu, •	• la hyène s'enfuit dans l'herbe.
À la fin, •	• la hyène se glisse dans sa tanière.

2 Choisis ce qui est vrai.

a. Le coq s'est cogné contre une branche.
b. Le coq attend devant la tanière.
c. Le coq a réussi à attraper la hyène.

3 Pourquoi certaines cases sont-elles sur fond noir ?

Comment repères-tu le temps qui passe dans une histoire ?

• Lecture 1

Popov, un vieil homme, vit avec le loir Bisquet. Comme tous les loirs, ce dernier a dormi tout l'hiver.

L'hiver fini, c'est le moment pour les jeunes animaux d'aller à l'école de la forêt.

– Lève-toi, Bisquet ! dit le vieux Popov. Tu dois te préparer pour la rentrée.

– Ouaaah ! bâille Bisquet, le combien sommes-nous ?

– Le 6 mars, dit le vieux Popov.

– Il est trop tôt, dit Bisquet qui se retourne de l'autre côté. Réveille-moi le 7… avril.

Le 7 avril, Popov remonte au grenier[1]. Cette fois, il n'y a pas d'amitié qui tienne : aller à l'école de la forêt, c'est important… Popov réveille Bisquet, le prend par la peau du cou… et le porte jusque dans la grande pièce. […] Bisquet dort debout.

– Ouaaah ! Le 7 avril… De toute façon, il est trop tard, demain ce sont déjà les vacances.

[1] Le grenier : le dernier étage de la maison, sous le toit.

Une leçon de rêve pour un petit loir, Janosch © Casterman.

Itinéraire A

1 Pourquoi Popov réveille-t-il Bisquet le 6 mars ?

2 Qu'a fait Bisquet entre le 6 mars et le 7 avril ?

a. Il est allé à l'école.
b. Il a dormi.
c. Il est parti en vacances.

3 Combien de fois Popov réveille-t-il Bisquet ?

a. 1 fois
b. 2 fois
c. 3 fois

Itinéraire B

1 À quel moment a lieu la rentrée des classes des animaux ?

a. au début de l'été
b. à la fin de l'été
c. au début de l'hiver
d. à la fin de l'hiver

2 Retrouve les expressions qui montrent que Bisquet ne veut pas se réveiller.

3 Quand les vacances des animaux commencent-elles ?

a. le 6 mars
b. le 7 avril
c. le 8 avril

Je prononce avant de lire

• vieux – bâiller – combien – il réveille – le grenier – l'amitié
•• un lionceau – le zoo – un enclos – juillet

•• Lecture 2

Un lionceau blanc est la star du zoo de Pessac.

« *Ce week-end, Madiba a été "baptisé*[1]*". Il a aussi rencontré son père pour la première fois. Il vit maintenant dans le même enclos que ses parents* », explique le directeur du zoo de Pessac. Ce lionceau blanc est né le 1er juillet 2012. S'il est blanc, c'est que ses deux parents le sont aussi. « *Le lionceau a bien grossi. Il pèse plus de 8 kilos* », raconte le directeur du zoo. « *Il se nourrit du lait de sa maman, Malindi, et commence à manger du steak haché. Nous avons attendu qu'il grossisse pour lui présenter son père, Booba. Le papa risquait de le blesser en lui donnant un coup de patte. Mais Booba a été intimidé*[2]*. Il ne voulait pas lui faire de mal. Le lionceau n'arrête pas de jouer avec lui !* »

Extrait du journal *Mon Quotidien* n° 4760 du mercredi 5 septembre 2012, journal d'actualités pour les 10-14 ans © Playbac.

1. Baptisé : dans ce texte, montré aux visiteurs du zoo.
2. Intimidé : impressionné, étonné, effrayé.

Itinéraire A

1 Nomme chacun des lions : *Booba, Madiba, Malindi.*

2 Quand l'article du journal est-il paru ?

a. le 1er juillet 2012
b. le 5 septembre 2012

3 Relève toutes les indications qui montrent que le temps a passé entre les jours où Madiba est né et où il a été « baptisé ».

Itinéraire B

1 Associe les événements et les dates.

naissance de Madiba •	• week-end du 1er et 2 septembre 2012
baptême de Madiba •	• mercredi 5 septembre 2012
article de journal •	• 1er juillet 2012
1re rencontre entre Madiba et Booba •	• week-end du 1er et 2 septembre 2012

2 Quel âge a Madiba quand il est « baptisé » ?

a. deux semaines b. deux mois c. deux ans

3 Pourquoi le directeur du zoo a-t-il attendu un certain temps pour présenter le lionceau à son père ?

Tu lis des images

Cette image est une illustration d'un album qui s'intitule *Il va neiger*.

L'arrière-plan :
ce que l'on voit dans le fond de l'image.

Le premier plan :
ce que l'on voit en premier dans l'image, le plus près de soi.

Il va neiger, Anne Brouillard © Éditions Syros.

1. **Décris cette illustration.**
2. **Quels lieux sont représentés ? Que vois-tu au premier plan ? Que vois-tu en arrière-plan ?**
3. **Indique le moment de l'année et de la journée. Comment as-tu fait ?**
4. **Aimerais-tu être dans cette maison ? Pourquoi ?**

Oral

Lire à haute voix

Pour bien respirer en lecture à haute voix, voici ce que tu peux faire :

a. Lis le texte silencieusement.

b. Repère les points, les points-virgules, les virgules qui indiquent les différentes pauses possibles dans le texte.

c. Surligne ces signes et entraîne-toi à lire en respirant seulement lorsque tu rencontres un signe.

d. Lis le texte en insistant sur ces pauses (pour cela, respire à fond).

1 Exerce-toi maintenant sur ces textes.

a. En ce temps-là, les rats se réunissaient une fois par an. Du Japon, d'Amérique, d'Italie, ils venaient de partout. Blancs, gris, noirs, rats des villes ou rats des champs, tous étaient les bienvenus. Cette fois, un grand émoi les secouait. Ils avaient décidé de se débarrasser une fois pour toutes des chats.

Les grelots des chats, Chloë Moncomble, *Mille ans de contes d'animaux* © Éditions Milan.

b. Dans Paris il y a une rue ;
Dans cette rue il y a une maison ;
Dans cette maison il y a un escalier ;
Dans cet escalier il y a une chambre ;
Dans cette chambre il y a une table ;
Sur cette table il y a un tapis ;
Sur ce tapis il y a une cage ;
Dans cette cage il y a un nid ;
Dans ce nid il y a un œuf ;
Dans cet œuf il y a un oiseau.

Paul Éluard, *Dans Paris*, coll. « Pirouette » © Éditions Didier Jeunesse.

Prendre la parole devant le groupe

2 Choisis une photo en haut de la page et interroge tes camarades sur ce qu'elle représente.

Tu peux utiliser les mots suivants :

- Où ? Dans quel lieu ? À quel endroit ?
- Quand ? À quelle saison ? À quel moment ?

Présenter son travail

3 Choisis une illustration en secret. Décris-la en précisant le lieu et le moment. Tes camarades devront trouver celle que tu as choisie.

La langue au service des textes

4 Associe les mots qui veulent dire la même chose.

sur •	• à l'extérieur
dedans •	• au-dessus
sous •	• à l'intérieur
dehors •	• au-dessous

5 **Recopie les mots qui indiquent un déplacement.**

marcher – glisser – observer – courir – ramper – fermer – bondir – rouler

6 **Trouve les contraires.**

entrer – venir – reculer – partir – sortir – avancer

7 **Rends à chaque animal son lieu d'habitation.**

a. un lapin – un oiseau – un chien – une taupe

b. une niche – un nid – un clapier – un terrier

8 **Complète les phrases d'après la bande dessinée.**
dans - à l'intérieur - sur - entre

a. Le chien Patouf est ... Clara et la télévision.
b. Patouf et Clara sont ... de la maison.
c. Clara et Patouf sont ... le salon.
d. Clara est assise ... un coussin.

9 **Retrouve les mots ou les expressions qui ont presque le même sens qu'*autrefois*.**

des années et des années avant – demain – il y a longtemps – jadis – soudain

10 **Recopie les mots qui indiquent le moment.**

a. Il fait nuit.
b. Il est trop tard.
c. J'aime la forêt en automne.
d. Mets la table pour le dîner.

11 **Classe les phrases dans le tableau.**

a. La mer est calme.
b. Des ours vivaient dans la forêt.
c. Le trésor sera découvert.

Avant	Maintenant	Après
...	...	...

12 **Cherche les indications de temps pour retrouver l'ordre de l'histoire. Tu peux t'aider des illustrations.**

a. Et maintenant, le soir tombait et ils avaient froid.
b. Les enfants étaient partis de la maison tôt le matin.
c. Depuis midi, ils jouaient dans la forêt.

A

B

C

Ateliers sur les notions

13 Associe les phrases et les couvertures.

a. Je fais mon baluchon, je laisse un mot sur le piano, je grimpe dans ma fusée et je pars !

b. Juste à côté de mon lit, je mets une bouteille d'orangeade et des bonbons. Puis j'attends…

Mercer Mayer © Éditions Gallimard Jeunesse.

Patricia Berreby © Casterman, avec l'aimable autorisation des auteurs et des éditions Casterman.

14 Associe les mots qui se rapportent au même lieu.

	• la tour
	• le sentier
le château •	• le rivage
la forêt •	• la salle
la mer •	• le port
	• la clairière

15 Lis ce texte, puis complète le tableau.

Voici donc ce qui se passa en l'an 1420 au royaume de Bourdogne, le jour où moi, Prince Jojo, je faillis devenir le plus grand souverain…

Ce matin-là, j'étais bien dans mon lit, ma Gargouille sur l'édredon.

Gargouille est mon animal à moi.

Prince Jojo 1er, Sophie Dieuaide © Casterman.

Lieux (royaume, pièce)	Temps (année, moment)
…	…

16 Retrouve l'ordre du texte en allant du lieu le plus grand au lieu le plus petit.

a. Dans cet océan, il y avait une baleine bleue.

b. Il était une fois une planète bleue.

c. Dans cette planète, il y avait un océan bleu.

17 Indique à quel moment se passe chaque phrase.

le matin - à midi - le soir - la nuit

a. Le Chat botté offrit un dîner merveilleux au roi.

b. À minuit, Cendrillon partit en courant.

c. La Princesse au petit pois se leva avec le jour.

d. Sous le soleil brûlant, Sœur Anne ne voyait rien venir.

18 Classe par ordre chronologique les actions dans le temps.

a. Demain, Matéo sera guéri.

b. Hier, Matéo a pris froid à la piscine.

c. Aujourd'hui, Matéo ne va pas à l'école.

19 Explique ce qui est étrange.

a. La fusée atterrit près d'un dinosaure.

b. Le chevalier monte dans sa voiture.

c. L'homme préhistorique utilise son ordinateur.

Écrire pour mieux lire

20 À ton tour, choisis un lieu, une époque ou un moment et imagine une histoire de ton choix. Tu peux t'aider des propositions suivantes.

Lieux : une grotte – une île – une soucoupe volante

Moments : il y a longtemps – hier – maintenant – le jour – la nuit

21 Imagine la lettre que Cubitus le chien a envoyée à Sénéchal le chat pour le convaincre de venir si tard dans cet endroit.

Cubitus. Heureux qui, comme Cubitus
© Dupa – Le Lombard, 2012.

As-tu bien compris ?

Je sais où et quand se passe l'histoire

Réponds par Oui ou Non.

a. Toutes les histoires se passent dans une forêt, un château ou un bateau.
b. Toutes les histoires se déroulent sur plusieurs jours.
c. Les personnages d'une histoire peuvent changer de lieu.

Lis ce texte.

Raymond, un petit garçon de sept ans, a décidé de découvrir ce qu'on appelle une nuit blanche.

Dehors, la lune brille, et là, tout au bout de la rue, Raymond aperçoit une lumière blanche… très loin, toute petite.

Il regarde mieux, se concentre.

Oui, il ne rêve pas, il y a bien tout là-bas une petite lumière blanche. Fou de joie, Raymond fixe le point lumineux. Il le fixe, à en avoir mal aux yeux, mais la lumière ne bouge pas, elle reste là, au loin. C'est peut-être un réverbère.

Peut-être pas !

Et si c'était ça, la nuit blanche ? Si c'était cette petite lumière que l'on aperçoit quand il fait nuit noire dehors ?

Pourquoi pas ?

Raymond n'en est pas tout à fait sûr, mais il a maintenant vraiment sommeil. Il s'allonge sur son lit, les bras croisés derrière la tête, comme fait son papa, et il réfléchit.

La nuit blanche de Raymond © Armelle Barnier.

1. **D'après le texte, où se trouve Raymond ?**
2. **Quand se passe cette histoire ?**
3. **Que se passe-t-il dehors ?**

Retenons

- Le lieu et le moment de l'action sont souvent indiqués car ils aident à comprendre les histoires.
- Les personnages d'une histoire changent souvent de lieux : on peut suivre leurs déplacements ou leur trajet.
- Une histoire peut se dérouler à un moment précis ou sur une période plus longue : une journée, une semaine, une année ou plus.

Chapitre 8

Je compare des histoires

Que sais-tu déjà ?

Cette réponse te semble-t-elle exacte ?
Quel personnage retrouves-tu dans chaque histoire ?

Le Petit Chaperon rouge, Marie-Hélène DEVAL, Ulises WENSELL
© Éditions Bayard / Éditions Sed.

Le loup et l'agneau et 3 autres fables de La Fontaine, Jean de LA FONTAINE, ill. de Sébastien PELON © Flammarion 2006, avec l'aimable autorisation des auteurs et de Flammarion.

Le petit loup qui se prenait pour un grand, Albéna Ivanovitch-Lair / Éric Gasté © Flammarion 2005, avec l'aimable autorisation des auteurs et de Flammarion.

Le secret de l'affreux méchant, Sylvie Auzary-Luton © Éditions Mijade.

Le Loup et les sept chevreaux © Éditions Nathan.

Épisode 1 *Hansel et Gretel*

Tout près d'un grand bois, vivait jadis un pauvre bûcheron avec sa femme et ses deux enfants. Le petit garçon s'appelait Hansel et la petite fille, Gretel. Une année de famine[1], le pain vint à manquer. Un soir que le père se désolait car il n'y avait plus rien à manger, sa femme déclara : « Demain, nous emmènerons les enfants dans la forêt afin de les y abandonner. » Le pauvre homme protesta[2] inutilement. Les deux enfants restés éveillés par la faim entendirent la conversation. Gretel se mit à pleurer. Son frère la consola et lui dit : « Je vais chercher des petits cailloux blancs que je sèmerai, demain. Ainsi, nous retrouverons le chemin de la maison. » Il sortit sans bruit et emplit ses poches de cailloux.

Le lendemain, la marâtre[3] réveilla les enfants : « Debout, paresseux. Nous allons en forêt couper du bois. » Pendant tout le chemin, Hansel qui fermait la marche laissa tomber ses petits cailloux. Arrivés dans une clairière[4], le bûcheron et sa femme firent un feu pour leurs enfants, leur donnèrent du pain en leur recommandant de rester près du feu, pendant qu'ils travailleraient. Les pauvres petits s'endormirent et lorsqu'ils se réveillèrent, la nuit commençait à tomber. La fillette sanglota : « Qu'allons-nous devenir ? » Alors, Hansel lui montra la lune qui se levait et faisait briller les cailloux. Ils les suivirent jusqu'à la maison. Leur père fut bien content de les revoir, mais leur marâtre les gronda.

1. **La famine** : le manque de nourriture.
2. **Protesta** : dit qu'il n'était pas d'accord.
3. **La marâtre** : la mauvaise mère.
4. **Une clairière** : un endroit sans arbres, dans une forêt.

Je prononce avant de lire

• Hansel – un bûcheron – un homme – le chemin • nous emmènerons – la conversation – nous reviendrons – une branche – elle heurtait – des haches

• Épisode 2 *Hansel et Gretel*

Quelque temps passa et ce fut de nouveau la famine. Comme un soir le bûcheron se lamentait, sa femme lui répondit : « Demain, nous emmènerons les enfants dans la forêt afin de les y abandonner. » L'homme la supplia de n'en rien faire, mais elle ne l'écouta pas. Or, les enfants qui étaient encore éveillés avaient entendu toute la conversation. Hansel rassura sa sœur. Mais quand il voulut sortir ramasser de petits cailloux, il s'aperçut que la porte était fermée à clé. « Ne t'inquiète pas, demain, je sèmerai mon pain. » Et ainsi fut fait. La nuit se passa. Le lendemain matin, dès qu'ils quittèrent la maison, le garçonnet émietta[1] son pain. La femme conduisit les enfants encore plus loin dans la forêt, là où ils n'avaient jamais été de leur vie. Elle leur dit : « Restez là, bien sages, votre père et moi reviendrons vous chercher lorsque nous aurons fini. » Et pour faire croire que tous deux coupaient du bois, elle attacha une branche à un tronc d'arbre. La branche secouée par le vent, heurtait le tronc et le bruit imitait les coups des haches[2]. De nouveau, les enfants s'endormirent et lorsqu'ils se réveillèrent, la lune brillait déjà. Hélas, les mille et mille oiseaux de la forêt avaient picoré les miettes de pain et les enfants se perdirent. Ils marchèrent toute la nuit et encore toute la journée du lendemain. Épuisés par la fatigue, affamés, ils finirent par se coucher sous un gros chêne.

[1] Émietta : brisa en petites miettes.

[2] Des haches : des instruments pour couper du bois.

• Épisode 3 *Hansel et Gretel*

Au matin, quelle ne fut pas leur surprise d'apercevoir une petite maison construite en pain d'épice. Le toit était en gâteau et les fenêtres en sucre. « Vite, vite, Gretel, s'écria Hansel, mange cette fenêtre pendant que je détache un morceau du toit. » Alors de l'intérieur, une douce mélodie s'éleva :

Grignota, grignotons,
Qui grignote ma maison ?

Le frère et la sœur répondirent :

C'est le vent, c'est le vent
C'est le céleste enfant !

Et ils continuèrent à manger. Tout à coup, la porte s'ouvrit laissant apparaître une très, très vieille femme qui leur souriait. Elle prit les enfants par la main et les fit entrer chez elle. Elle leur servit un repas succulent[1], puis, elle leur prépara deux petits lits avec des draps frais.

En réalité, la vieille était une sorcière qui se nourrissait d'enfants et avait construit sa maison en pain d'épice pour mieux les attirer ! Elle avait des yeux rouges et un nez énorme. Elle possédait un odorat[2] puissant qui lui permettait de sentir les enfants qui se perdaient dans la forêt. Le lendemain matin, de sa main crochue elle attrapa le garçonnet et l'enferma dans une cage. Puis, elle ordonna à la fillette de faire à manger pour son frère afin qu'il engraisse[3]. « Dès qu'il sera dodu[4] à point, ricana l'ogresse, je le mangerai. » Gretel, malgré ses larmes, dut obéir. Tous les jours, la sorcière, qui ne voyait pas très bien, tâtait Hansel pour voir s'il grossissait et lui demandait : « Hansel, sors ton doigt que je sente si tu seras bientôt assez gras. » Le petit garçon lui tendait un petit os de poulet.

1. **Succulent** : très bon, délicieux.
2. **L'odorat** : le sens qui permet de sentir les odeurs.
3. **Engraisse** : devienne gros.
4. **Dodu** : gros.

• **Épisode 4** *Hansel et Gretel*

Un jour, la vieille, impatientée[1] s'écria : « Gretel, mets le four à chauffer, je mangerai ton frère aujourd'hui. » Alors, la fillette s'approcha du four et appela la sorcière : « Je n'ai jamais allumé de four, et je ne sais pas comment faire. » « Maladroite, hurla la méchante femme, il suffit d'entrer à l'intérieur, comme cela. » Et sur ces mots, elle entra dans le four, la tête la première. Aussitôt, la petite fille referma la porte sur elle et la sorcière mourut, brûlée vive. Gretel ouvrit la cage de son frère. Tous deux se mirent à fouiller la maison et trouvèrent de l'or, de l'argent, des pierres précieuses et des perles. Hansel en emplit ses poches et son chapeau, et Gretel les poches de son tablier.

[1] **Impatientée** : qui supporte mal d'attendre.

Les deux enfants quittèrent la maison maudite et se dirigèrent vers les bois. Après de longues heures de marche, ils arrivèrent devant une rivière sur laquelle nageait un canard. La fillette appela l'oiseau :

Caneton, Caneton,
C'est Hansel et Gretel,
Pas de pont, ni de passerelle.
Prends-nous sur tes ailes blanches.

Le canard s'approcha de la rive et les deux enfants, l'un après l'autre, purent traverser la rivière. Quelle ne fut pas leur surprise en reconnaissant le chemin de leur maison. Le frère et la sœur se mirent à courir et frappèrent à la porte de la maison paternelle. Leur père fut très heureux de les voir ; sa femme était morte et il était rongé par le chagrin d'avoir abandonné ses enfants. Grâce au trésor de la sorcière, ils n'eurent plus jamais faim.

Hansel et Gretel, d'après le conte des Frères Grimm.

Je découvre un conte en entier

Itinéraire A

1 Retrouve les personnages de ce conte.

2 Pourquoi les parents abandonnent-ils leurs enfants ?

3 Réponds par Vrai ou Faux.

a. Les enfants sont abandonnés 3 fois dans la forêt.
b. Hansel est un garçon.
c. La maison de la sorcière est en paille.
d. La sorcière veut manger Hansel.
e. Gretel enferme la sorcière dans le four.
f. Les enfants traversent la rivière sur le dos d'une oie.
g. Le père des enfants est mort.
h. Ils vivent heureux grâce au trésor de la sorcière.

4 Retrouve pourquoi Hansel et Gretel n'ont pas compris que la vieille dame est une sorcière.

a. Elle leur sourit.
b. Elle fait la grimace.
c. Elle leur sert un bon repas.
d. Elle leur prépare un bon lit.
e. Elle leur parle méchamment.

5 Pourquoi Gretel doit-elle préparer à manger pour son frère ?

6 Qui aide les enfants à rentrer chez eux ?

7 Une marâtre est une méchante mère ; comment le vois-tu dans l'histoire ?

Itinéraire B

1 Replace les phrases dans l'ordre de l'histoire.

a. Les oiseaux mangent le pain jeté par Hansel.
b. Les enfants découvrent la maison en pain d'épice de la sorcière.
c. Un canard ramène les enfants chez eux.
d. La sorcière leur dit d'entrer chez elle.
e. Les parents abandonnent à nouveau leurs enfants.
f. Gretel tue la sorcière.
g. Hansel sème des cailloux.
h. La famille souffre de la famine.
i. La sorcière veut engraisser Hansel.

2 Complète chaque phrase en retrouvant le ou les personnages.

Les héros sont : … .
Les personnages méchants sont : … .
Les héros sont aidés par : … .

3 Pourquoi la sorcière a-t-elle construit sa maison en pain d'épice ?

4 Retrouve les aspects physiques de la sorcière qu'Hansel et Gretel n'ont pas tout de suite aperçus.

a. Elle a de grandes dents.
b. Elle a les yeux rouges.
c. Elle a un nez énorme pour sentir les enfants.
d. Elle a un nez crochu.
e. Elle a les mains crochues.

5 Comment Hansel fait-il pour tromper la sorcière ?

6 Qu'arrive-t-il à la marâtre à la fin de l'histoire ? Qu'en penses-tu ?

7 Quels éléments de cette histoire retrouves-tu souvent dans les contes ?

• Lecture

L'ours a été abandonné dans la forêt.

❶ Erra : alla sans but, sans savoir où il allait.

❷ Le flair : l'odorat des animaux.

❸ La truffe : le bout du museau.

La Faim des sept ours nains, Émile Bravo © Éditions du Seuil, 2005.

Itinéraire A

❶ Combien y a-t-il d'ours dans cette histoire ?

a. un ours
b. trois ours

❷ Que cherche l'ours sur le sol enneigé ?

a. des petits cailloux
b. des miettes de pain
c. des traces de pas

❸ En quoi est faite la maison ?

Itinéraire B

❶ Pourquoi l'ours s'est-il perdu ?

a. Il fait nuit. b. Il n'y a plus de miettes de pain pour l'aider à trouver son chemin.

❷ Comment l'ours découvre-t-il qu'il y a une maison ?

a. Il a aperçu le toit de la maison.
b. Il a senti l'odeur du pain d'épice.

❸ Quels indices te montrent que l'ours est content dans la 3e case ?

Quels éléments de la bande dessinée te font penser au conte *Hansel et Gretel*, pages 134 à 137 ? À ton avis, que peut-il se passer ?

Je compare le début des contes

• Lecture 1

À cause de la famine, un bûcheron et sa femme ont décidé d'abandonner leurs sept enfants.

Ils allèrent dans une forêt épaisse. Le Père et la Mère, voyant leurs enfants occupés, s'éloignèrent et s'enfuirent. Lorsque ces enfants se virent seuls, ils se mirent à crier et à pleurer de toutes leurs forces. Le Petit Poucet les laissait crier, sachant bien par où il reviendrait à la maison ; car en marchant il avait laissé tomber le long du chemin les petits cailloux blancs qu'il avait dans ses poches. Il leur dit donc : « Ne craignez point[1], mes frères ; mon Père et ma Mère nous ont laissés ici, mais je vous remmènerai bien au logis, suivez-moi seulement. » Ils le suivirent, et il les mena jusqu'à leur maison par le même chemin qu'ils étaient venus dans la forêt. Ils n'osèrent d'abord entrer, mais ils se mirent tous contre la porte pour écouter ce que disaient leur Père et leur Mère.

[1] Ne craignez point : n'ayez pas peur.

Le Petit Poucet, d'après le conte de Charles PERRAULT.

Itinéraire A

1. **Où se trouvent le Petit Poucet et ses frères ?**
2. **Pourquoi les parents ont-ils abandonné leurs enfants ?**
3. **Associe les dessins des personnages aux phrases suivantes.**

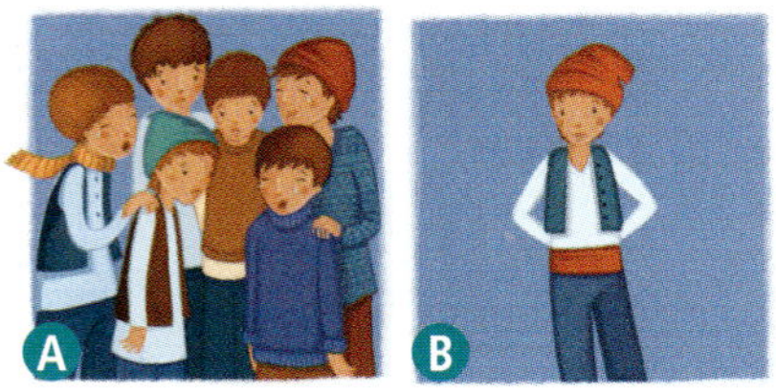

a. Ils se mirent à crier.
b. Il avait des cailloux dans ses poches.
c. Ils le suivirent.

4. **Relis le début d'*Hansel et Gretel*, page 134, et explique comment les enfants des deux contes retrouvent leur chemin.**

Itinéraire B

1. **Retrouve les phrases qui montrent que :**

a. Les enfants sont abandonnés.
b. Le Petit Poucet est courageux.
c. Le Petit Poucet a retrouvé le chemin de leur maison.

2. **À ton avis, quelle peut être la suite du conte ?**

a. Les enfants sont mangés par le loup.
b. Les parents abandonnent à nouveau leurs enfants.
c. Les parents trouvent le trésor de la sorcière.

3. **Relis le début d'*Hansel et Gretel*, page 134, et explique pourquoi le Petit Poucet a semé des cailloux.**

• lorsque – de toutes leurs forces – tomber – le long – un caillou – le logis – moi – une maison – la forêt – ils n'osèrent •• une ronce – un sabot – un coffre

•• Lecture 2

Il y a fort longtemps, à l'époque où les sorcières, les fées et les dragons existaient encore, les famines pouvaient être terribles. Pour nourrir leur famille, qui était très pauvre, Laure et Xavier cueillaient souvent des mûres. Ce jour-là, derrière une grande haie de ronces[1], les deux petits paysans entendirent un bruit de sabots. À travers la haie, Laure aperçut deux cavaliers sur le chemin. Le premier avait les cheveux roux et le nez tout de travers. À ses côtés chevauchait un grand gaillard[2] qui s'essuyait la nuque.

– Ah, Fulmin, ronchonnait-il, pourvu que ce parchemin[3] trouvé au fond d'un des coffres qu'on a volés dise vrai !

– À nous le trésor de la Dent du Diable !

Les deux brigands s'engagèrent sur le sentier qui descendait vers la rivière.

– Tu te rends compte… souffla Xavier à sa sœur, il a parlé d'un trésor !

Dès que les deux hommes ne furent plus en vue, Xavier s'avança sur le chemin.

– On ne peut pas laisser passer une chance pareille : on va les suivre !

La Dent du Diable, Arnaud Alméras et Dankerleroux © Éditions Nathan.

[1] **Les ronces** : des arbustes à épines sur lesquels poussent les mûres.

[2] **Un gaillard** : un garçon grand et fort.

[3] **Un parchemin** : une peau de mouton qui remplaçait le papier autrefois.

Itinéraire A

1 Qui sont les héros du conte ?

a. deux dragons
b. deux enfants
c. deux brigands

2 Comment s'appellent ces héros ?

3 Complète le résumé avec les mots suivants : *brigands – famine – forêt – trésor.*

À cause de la … les deux petits paysans ramassent des mûres dans la … .
Ils aperçoivent deux … qui parlent d'un … .

Itinéraire B

1 Associe les éléments pour reconstituer les phrases.

Laure et Xavier •	• décide de chercher le trésor.
La famille très pauvre •	• sont frère et sœur.
Xavier •	• se nourrit de fruits sauvages.

2 À ton avis, quels personnages aux pouvoirs magiques peuvent-ils affronter dans la suite du récit ? Explique.

a. une sorcière b. un ogre c. un brigand d. le Diable

Quels sont les points communs entre ces deux textes (pages 140 et 141) et *Hansel et Gretel* (pages 134 à 137) ? Explique.

Lecture 1

Tishka est un petit garçon russe qui va pêcher dans sa barque sur le lac.

Un jour, la mère de Tishka lui dit de faire bien attention à Baba Yaga, une méchante sorcière qui vivait non loin de là. Tout le monde avait peur de Baba Yaga, parce qu'elle enlevait les petits enfants pour les manger. « Alors Tishka, si tu m'en crois[1], ne la laisse pas s'approcher de toi ! »
À peine sa mère eut-elle tourné les talons que Baba Yaga apparut sur la rive et cria de sa voix stridente[2] : « Tishka, Tishka, voici ton déjeuner. Il est temps de débarquer ! »
Tishka était bien petit, mais il était malin. Alors il cria en retour : « Ce n'est pas la voix de ma mère. Ne serait-ce pas plutôt Baba Yaga la sorcière ? »
Lorsqu'elle entendit cela, Baba Yaga entra dans une colère terrible. Elle courut chez le forgeron[3] et lui demanda de lui forger une fine langue de métal pour que sa voix devienne aussi mélodieuse que celle de la mère de Tishka.
Elle retourna alors sur la rive du lac et appela de sa nouvelle voix : « Tishka, Tishka, voici ton déjeuner. Il est temps de débarquer ! »
Et cette fois Tishka revint sur le rivage. Baba Yaga bondit de derrière un arbre, attrapa Tishka et le fourra[4] dans un vieux sac de toile. Puis elle courut dans la forêt jusqu'à sa hutte. La hutte tourna sur ses pattes de poulet, et la porte s'ouvrit.

Baba Yaga, Katya Arnold © Éditions Nord-Sud.

[1] **Si tu m'en crois** : si tu me fais confiance, si tu crois ce que je te dis.
[2] **Stridente** : aiguë et forte.
[3] **Le forgeron** : un homme dont le métier est de fabriquer des objets en fer.
[4] **Fourra** : mit brusquement.

Itinéraire A

1. **Pourquoi tout le monde a-t-il peur de Baba Yaga ?**
2. **Que fait Baba Yaga pour tromper Tishka ?**
   a. Elle se déguise.
   b. Elle imite la voix de la mère de Tishka.
   c. Elle se transforme en poisson.
3. **Où vit Baba Yaga ?**

Itinéraire B

1. **Retrouve les deux raisons pour lesquelles Baba Yaga ne réussit pas à attraper Tishka la première fois.**
   a. Baba Yaga n'a pas changé de voix.
   b. Baba Yaga avait oublié d'apporter le déjeuner de Tishka.
   c. Tishka est malin.
2. **Comment Baba Yaga a-t-elle changé sa voix ?**
3. **Complète le portrait de Baba Yaga.**
   C'est … qui … les enfants. Elle vit dans … .

Je prononce avant de lire

• elle cria – stridente – mélodieuse – il est temps – sa hutte

•• du gibier – cruel – la pitié – friand – il l'aiguisait

•• Lecture 2

Les oiseaux ont mangé le pain semé par Poucet. Ses frères et lui se sont perdus dans la forêt. Ils trouvent refuge dans la maison d'un ogre et se cachent sous le lit.

L'Ogre demanda d'abord si le souper était prêt. [...] Il disait qu'il sentait la chair fraîche. [...] En disant ces mots, il se leva de table, et alla droit au lit. « Ah, dit-il, voilà donc comment tu veux me tromper, maudite femme ! Je ne sais à quoi il tient que je ne te mange aussi ; bien t'en prends[1] d'être une vieille bête. Voilà du gibier[2] qui me vient bien à propos pour traiter[3] trois ogres de mes amis qui doivent me venir voir ces jours ici. » Il tira les enfants de dessous le lit l'un après l'autre. Ces pauvres enfants se mirent à genoux en lui demandant pardon ; mais ils avaient à faire au plus cruel de tous les ogres, qui bien loin d'avoir de la pitié les dévorait déjà des yeux, et disait à sa femme que ce serait là de friands[4] morceaux lorsqu'elle leur aurait fait une bonne sauce. Il alla prendre un grand couteau, et en approchant de ces pauvres enfants, il l'aiguisait[5] sur une longue pierre qu'il tenait à sa main gauche. Il en avait déjà empoigné[6] un, lorsque sa femme lui dit : « Que voulez-vous faire ? [...] Vous avez encore là tant de viande ; voilà un veau, deux moutons et la moitié d'un cochon !

– Tu as raison, dit l'Ogre ; donne-leur bien à souper, afin qu'ils ne maigrissent pas, et va les mener coucher. »

Le Petit Poucet, d'après le conte de Charles PERRAULT.

1 Bien t'en prends : tu as de la chance.

2 Le gibier : la viande d'animaux sauvages (chevreuil, sanglier, faisan).

3 Traiter : ici, inviter.

4 Friands : délicieux.

5 Aiguisait : rendait plus coupant.

6 Empoigné : attrapé avec force.

Itinéraire A

1 Où les enfants sont-ils cachés ?

2 Qu'est-ce qui montre que l'Ogre veut manger les enfants ?

a. Il les dévore des yeux.
b. Il a de la pitié.
c. Il prend un grand couteau.
d. Il demande à sa femme de les coucher.

3 Pourquoi l'Ogre est-il en colère contre sa femme ?

a. Elle a caché les enfants et lui a menti.
b. Elle n'a pas préparé le souper.

Itinéraire B

1 Comment l'Ogre sait-il que les enfants sont cachés chez lui ?

a. Il a entendu leur voix. b. Il a senti leur odeur.

2 Pour quelles raisons l'Ogre ne mange-t-il pas les enfants tout de suite ?

a. Parce qu'il n'a plus faim.
b. Parce qu'il y a encore de la viande à table.
c. Parce qu'il les garde pour inviter ses amis.

3 À ton avis, pourquoi l'Ogre ne veut-il pas que les enfants maigrissent ?

Quels sont les points communs entre les personnages de l'Ogre, Baba Yaga page 142 et la sorcière d'*Hansel et Gretel* page 136 ? Quel personnage ressemble le plus à la sorcière d'*Hansel et Gretel* ? Pourquoi ?

Je compare la fin des contes

• Lecture 1

La sorcière Baba Yaga a capturé un jeune garçon, Tishka. Elle ramène le garçon chez elle.

Baba Yaga cria à sa fille : « Regarde ce que j'ai ramené pour le souper ! » Et elle tira Tishka hors du sac. « Fais-le cuire à point[1], dit-elle, je serai bientôt de retour. »
Puis elle sauta dans son mortier[2] et son pilon[3], et s'envola.
La fille de Baba Yaga demanda à Tishka de grimper sur la pelle à enfourner[4] et de s'y installer sans bouger. Puis elle se prépara à le glisser dans le four.
Mais Tishka était plus malin qu'elle. Il se contorsionna[5] de telle façon qu'elle n'arriva pas à l'enfourner.

« Reste tranquille ! hurla-t-elle. Baisse la tête ! Rentre les bras ! »
« Je n'y arrive pas ! dit Tishka. Montre-moi, s'il te plaît. »
La fille de la sorcière monta sur la pelle pour montrer à Tishka comment faire. Elle s'accroupit et se recroquevilla[6] sur elle-même afin de pouvoir passer par l'ouverture.
Aussitôt, Tishka la poussa dans le brasier[7] et referma les portes du four.

Baba Yaga, Katya Arnold © Éditions Nord-Sud.

1. **Cuire à point** : ni trop saignant ni trop cuit.
2. et 3. **Un mortier** : un récipient dans lequel on écrase des plantes, des poudres avec **un pilon**.
4. **La pelle à enfourner** : la grande pelle qui sert à mettre les aliments dans le four.
5. **Se contorsionna** : remua, bougea dans tous les sens.
6. **Se recroquevilla** : se replia afin de devenir très petite.
7. **Le brasier** : le feu.

Itinéraire A

1. **Fais la liste des personnages.**
2. **Quels personnages font partie de la catégorie des « méchants » ? Pourquoi ?**
3. **Retrouve l'ordre de l'histoire.**
   - a. La fille de Baba Yaga se retrouve dans le four.
   - b. Tishka bouge trop pour entrer dans le four.
   - c. Tishka est sur la pelle à enfourner.

Itinéraire B

1. **Associe un ou plusieurs personnages du conte à chacun de ces adjectifs : *cruel – rusé – stupide*. Explique pourquoi.**
2. **Qui prépare le souper dans la maison de Baba Yaga ?**
3. **Comment Tishka trompe-t-il la fille de Baba Yaga ?**

Relève dans *Hansel et Gretel*, pages 134 à 137, le passage qui ressemble à cet extrait de *Baba Yaga*. Explique pourquoi.

Je prononce avant de lire

- • à point – son mortier – il se contorsionna – elle se recroquevilla – le brasier
- •• un géant – la harpe – la descente – les nuages

•• Lecture 2

Jacques, à l'aide d'une tige de haricot magique, se rend au château d'un géant mangeur d'enfants. Affamé, le garçon lui dérobe un sac d'or et une oie qui pond des œufs en or. Pour la troisième fois, il retourne chez le géant.

Le géant prit une harpe[1] d'or et lui ordonna : « Joue pour moi ». La harpe obéit. La musique était si douce que le géant s'endormit. Jacques sortit de sa cachette et s'empara de l'instrument. Mais la harpe appela : « Maître, maître, on me vole ! » Le géant se réveilla en sursaut et hurla de rage en voyant Jacques s'enfuir avec la harpe. Il s'élança pour le rattraper. Jacques parvint à la tige du haricot magique et commença sa descente, suivi de près par le géant. Jacques sautait de feuille en feuille alors que le géant était ralenti par son poids et descendait très lentement. Arrivé au sol, le garçon cria à sa mère de lui apporter une hache afin de couper le pied du haricot. Au moment où le géant allait à son tour toucher le sol, le haricot s'écroula sous les coups de hache donnés par Jacques et écrasa le géant.

Jacques ne pouvait plus retourner au château dans les nuages, mais grâce à l'oie, il vécut sans souci d'argent et n'eut plus jamais faim. Quand il voulait se distraire[2], il demandait à la harpe d'or de jouer un air de musique.

[1] Une harpe : un instrument de musique avec des cordes.

[2] Se distraire : s'amuser.

D'après *Jacques et le haricot magique*, conte anglais.

Itinéraire A

1. **Quel moment Jacques attend-il pour sortir de sa cachette ?**
2. **Qui réveille le géant ?**
3. **Complète les phrases.**
   - a. Jacques descend le long du … .
   - b. Arrivé …, Jacques coupe … du haricot.
   - c. Le haricot écrase … .

Itinéraire B

1. **Quels sont les pouvoirs magiques de la harpe ?**
2. **Retrouve les deux explications. Le géant ne réussit pas à rattraper Jacques :**
   - a. parce qu'il dort.
   - b. parce qu'il est trop gros.
   - c. parce qu'il n'est pas assez rapide.
3. **Comment le géant meurt-il ?**

Ces contes se ressemblent. Voici des affirmations ; dis à quels contes elles peuvent convenir.

a. Les héros sont des enfants. – b. Les enfants ont faim. – c. Les méchants mangent les enfants.
d. Les enfants trouvent un trésor. – e. Les enfants ont une marâtre.

Anthony Browne a illustré le conte *Hansel et Gretel*.

▶ *Cette illustration est réalisée à **l'aquarelle**, c'est-à-dire avec de la peinture qui se dilue dans l'eau.*

Hansel et Gretel illustré par Anthony Browne © Walker Books Ldt., Londres, 2003.

1. Quels personnages du conte sont représentés ?
2. Quel moment de l'histoire cette image illustre-t-elle ?
3. La famille est pauvre : relève des éléments qui le montrent.
4. Que font les différents personnages ?
5. En lisant le conte *Hansel et Gretel*, pages 134 à 137, comment imaginais-tu la maison des parents ?

Oral

Lire à haute voix

Quand on parle, le ton de la voix montre si l'on est content, triste ou en colère.
Quand tu lis les paroles des personnages, il faut essayer de te mettre à leur place. Pour t'aider, tu peux rechercher les mots et les verbes qui te montrent de quelle manière les paroles doivent être dites.

Par exemple : « Reste tranquille, hurla-t-elle » ou « Tais-toi, dit-il, mécontent. »

1 En groupe, imaginez toutes les manières de prononcer la phrase de Baba Yaga :

« Tishka, Tishka, voici ton déjeuner. Il est temps de débarquer ! »

2 Lis le début d'*Hansel et Gretel*, pages 134 et 135, et repère les paroles de la marâtre. Quels sont ses sentiments pour Hansel et Gretel ? Sur quel ton peut-elle parler aux enfants et à son mari ?

3 Dans l'extrait page 137, repère les paroles prononcées. Quels mots t'indiquent la façon de les dire ? Entraîne-toi à les lire à haute voix.

4 Choisis un verbe qui veut dire la même chose que « manger » pour remplacer « grignoter ». Écris-le et entraîne-toi à prononcer la nouvelle formulette.

« Grignota, Grignotons
Qui grignote ma maison ? »

Prendre la parole devant le groupe

5 Devinette : choisis l'un des méchants des contes. Invente trois phrases qui donnent des indices.

Exemple : Je sens l'odeur des petits enfants. – J'habite une maison au fond des bois. – Ma maison est délicieuse.

Demande à tes camarades de trouver le personnage et le conte dans lequel il apparaît.

Réponse : la sorcière dans Hansel et Gretel.

6 La mère du Petit Poucet est arrêtée par les soldats du roi parce qu'elle a abandonné ses enfants. Imagine ce qu'elle dira pour expliquer ses raisons. Joue la scène devant tes camarades. Tu peux t'aider de gestes.

Présenter son travail

7 Dans la bibliothèque de la classe ou de l'école, cherche une autre histoire avec un ogre ou une ogresse. Lis l'histoire, puis raconte-la à tes camarades. Si tu prononces des paroles, pense à changer de voix.

La langue au service des textes

8 Complète les phrases avec *chair*, *cher* et *chère*.

a. … grand-mère, je viendrai te voir demain.
b. « Hum, ça sent la … fraîche. »
c. Je ne peux pas acheter ce jeu : il coûte trop … .

9 Associe le verbe au mot de la même famille.

enfourner •	• une miette
engraisser •	• maigre
se nourrir •	• un four
maigrir •	• gras
affamer •	• la nourriture
émietter •	• la faim

10 Classe chaque verbe dans la colonne correspondante.

grignoter – engloutir – dévorer – picorer

Manger un peu	Manger beaucoup
…	…

11 Complète les phrases avec les expressions suivantes : *avoir une faim de loup – manger comme un cochon – avoir un appétit d'oiseau.* Attention à la conjugaison des verbes.

a. Poucet mange très peu, il … .
b. L'Ogre mange très salement, il … .
c. Jacques est affamé, il … .

12 Lis le texte et réponds aux questions.

La Fée dit à la Reine :
« Ne vous désespérez pas, madame. Votre fille sera récompensée ; elle aura tant d'esprit qu'on ne s'apercevra presque pas qu'il lui manque la beauté. »

D'après *Riquet à la houppe*, Charles Perrault.

a. Comment vois-tu qu'un personnage parle ?
b. Qui parle ? À qui ?
c. Relève le verbe de parole.
d. Observe la ponctuation.

13 À ton tour, place les guillemets.

Les sept chevreaux accoururent alors et se mirent à crier : Le loup est mort, c'en est fini de lui. Et ils se mirent à danser.

14 Relis l'extrait du *Petit Poucet*, page 143. Relève tous les termes qui évoquent la nourriture.

Ateliers sur les notions

15 Lis les deux textes, puis réponds aux questions, page 149.

Il y avait une fois une femme qui aurait bien voulu avoir un petit enfant […]. Elle alla trouver une vieille sorcière qui lui donna une graine.
La femme rentra chez elle et planta le grain d'orge. Aussitôt poussa une grande belle fleur qui ressemblait à une tulipe, mais au centre de la fleur, était assise une minuscule petite fille, mignonne et fine, pas plus grande qu'un pouce, et que pour cette raison, la femme appela Poucette.

Poucette, d'après H. C. Andersen.

Il était une fois un Bûcheron et une Bûcheronne qui avaient sept enfants, tous garçons. L'aîné n'avait que dix ans et le plus jeune n'en avait que sept. Il était fort petit, et quand il vint au monde, il n'était guère plus gros que le pouce, ce qui fit que l'on l'appela le Petit Poucet. Ce pauvre enfant était le souffre-douleur de la maison, et on lui donnait toujours tort. Cependant, il était le plus fin, et le plus avisé[1] de tous ses frères, et s'il parlait peu, il écoutait beaucoup.

Le Petit Poucet, d'après le conte de Charles Perrault.

1 Avisé : qui sait beaucoup de choses.

a. Quel est le point commun à ces deux enfants ?
b. À partir de quelle partie du corps leur nom est-il formé ?
c. Comment sais-tu qu'il y a un garçon et une fille ?

16 **Compare les titres et les couvertures de ces deux livres. Quels sont les personnages communs ? À ton avis, quelles vont être les différences entre les deux histoires ?**

Paul François, ill. Gerda Muller © Flammarion, 1958, avec l'aimable autorisation des auteurs et de Flammarion.

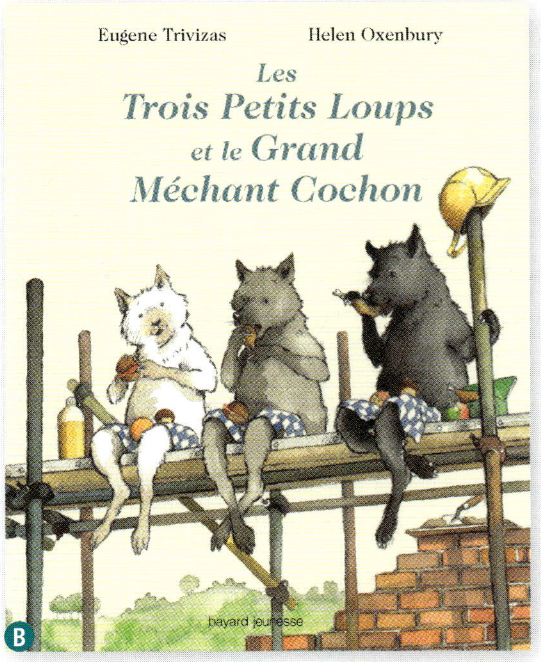

Eugène Trivizas, Helen Oxenbury © Éditions Bayard.

Écrire pour mieux lire

17 **Lis en entier l'un des contes proposés en extrait. Dans ton carnet de lecteur, tu inscriras le titre et le nom de l'auteur. Tu choisiras et recopieras un passage qui ressemble à *Hansel et Gretel*.**

18 **Explique pourquoi les deux passages se ressemblent.**

Exemple : Ce passage du conte ressemble à *Hansel et Gretel* car…

19 **Imagine à ton tour le début d'un conte dont les héros seront des enfants qui devront se battre contre un méchant.**

- Choisis les héros et donne-leur un nom.
- Choisis le méchant : une sorcière – un ogre – une ogresse – un loup.
- Dis comment et où les enfants vont rencontrer le méchant.
- Enfin n'oublie pas de donner un titre.

As-tu bien compris ?

Réponds par Oui ou Non.

a. Dans les histoires on peut retrouver des personnages semblables.
b. Dans *Hansel et Gretel* et *La Dent du Diable*, il y a un loup.
c. Dans *Jacques et le haricot magique* et *Le Petit Poucet*, il y a un ogre.

Lis ce texte.

Le Chat botté cherche une demeure pour son maître, le marquis de Carabas. Il se rend chez un ogre qui possède un fabuleux château.

L'Ogre reçut le Chat aussi civilement[1] que le peut un ogre, et le fit reposer. « On m'a assuré, dit le Chat, que vous aviez le don de vous changer en toutes sortes d'animaux ; que vous pouviez par exemple vous transformer en lion, en éléphant. – Cela est vrai, répondit l'Ogre brusquement, et pour vous le montrer, vous m'allez voir devenir lion. » Le Chat fut si effrayé de voir un lion devant lui, qu'il gagna aussitôt les gouttières [...]. Le Chat ayant vu que l'Ogre avait quitté sa forme première, descendit et avoua qu'il avait eu bien peur. « On m'a assuré encore, dit le Chat, mais je ne saurais le croire, que vous aviez aussi le pouvoir de prendre la forme des plus petits animaux, par exemple, de vous changer en un rat, en une souris. » [...] L'Ogre se changea en une souris qui se mit à courir sur le plancher. Le Chat ne l'eut pas plutôt aperçue, qu'il se jeta dessus et la mangea.

Le Chat botté, d'après le conte de Charles Perrault.

[1] Civilement : poliment.

1 Quel personnage du texte retrouve-t-on dans *Jacques et le haricot magique*, page 145 ?

2 Dans quel autre conte du chapitre le retrouve-t-on ?

3 Pourquoi n'est-on pas triste pour l'Ogre ?

Retenons

- Dans les histoires, on peut retrouver des personnages semblables (un frère et une sœur, une ogresse).
- Dans les histoires, il y a des thèmes communs (l'abandon des enfants dans la forêt, la pauvreté).
- Dans les histoires, les méchants sont souvent punis à la fin comme dans *Hansel et Gretel*, *Baba Yaga*.

Je lis une histoire en entier

Chapitre 9

Que sais-tu déjà ?

Et toi, peux-tu répondre à la question posée ?

Quels indices te permettent de répondre ?

Qu'apprend-on en lisant la quatrième de couverture ?

Comment l'auteur a-t-il choisi le titre de l'histoire ?

D'après toi, l'histoire que tu vas lire est-elle réelle ou imaginaire ?

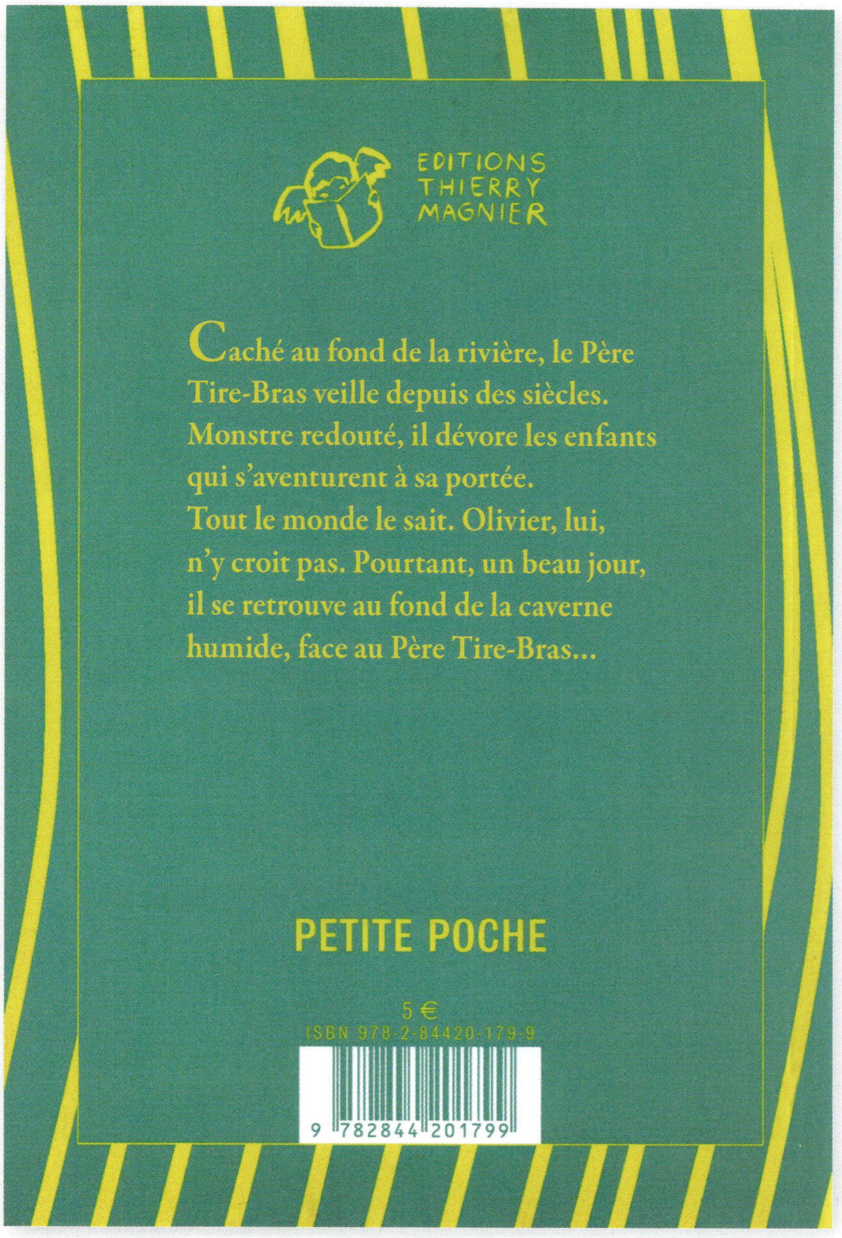

Le Père Tire-Bras, Jean-François Chabas © Éditions Thierry Magnier, 2002.

Chapitre 1

– La première chose à savoir sur le Père Tire-Bras, c'est qu'il vit dans la rivière, comme les poissons. Mais le Père Tire-Bras, ce n'est pas un poisson, oh non ! Il est mille fois plus laid et visqueux[1] et effroyable que les plus dégoûtantes des créatures marchant sur cette terre, volant dans les airs, ou nageant sous la surface des mers et des cours d'eau. Le Père Tire-Bras, donc, il vit dans la rivière, notre rivière. Il guette, sous la surface, les enfants qui s'approchent trop près de la berge[2]. On ne le voit pas, puisque l'eau ici est verte, pas transparente. Mais lui, il sait ce qui se passe au-dessus, il a de bons yeux, crois-moi Olivier, mon petit. Il vérifie que cet enfant est venu tout seul au bord de la rivière. Et tout à coup hop ! Il lance hors de l'eau ses bras sans fin, longs et pleins de vase[3], et gluants, qu'il peut étirer comme des élastiques, il attrape l'enfant par les poignets, et il l'entraîne, plouf ! C'est pour ça qu'on l'appelle le Père Tire-Bras.

– Et qu'est-ce qu'ils deviennent, les enfants, Grand-Mère ?

– On ne sait pas. Peut-être qu'il les mange, peut-être qu'il fait pire encore... Pas un d'entre eux n'est revenu pour le raconter...

– Moi, je prendrai plus jamais un bain. Même pas une douche. Et je boirai plus l'eau du robinet.

– Mais, Olivier, gros bébé, je viens de te le dire : le Père Tire-Bras, c'est dans la rivière qu'il habite. Si tu ne t'en approches pas seul, tu es tranquille : ce monstre ne peut rien contre toi.

– C'est vrai, Grand-Mère ?

– Parfaitement, mon petit Olivier. Viens, je vais te faire une bonne tasse de chocolat.

1. Visqueux : gras et gluant.
2. La berge : le bord de la rivière.
3. La vase : la boue qui se dépose au fond de l'eau.

• Chapitre 2

J'avais quatre ans quand Grand-Mère m'a raconté l'histoire du Père Tire-Bras. Elle habitait à la campagne, dans une maison bordée d'un grand jardin, et au fond de ce jardin coulait une rivière, la Beuve. J'allais tout le temps en vacances là-bas. Elle vivait seule et elle aimait recevoir son petit-fils chéri. Le jardin était immense, avec toutes sortes de merveilles, une vigne de raisin chasselas[1], deux cerisiers, des pommiers, des fraisiers, des framboisiers, et puis un groseillier qui produisait de délicieuses petites baies[2] rouges, un peu acides mais sucrées, que j'aimais plus que tout.

L'ennui, avec l'arbuste à groseilles, c'est qu'il ne se trouvait qu'à une dizaine de mètres de la rivière. La Beuve, le repaire[3] du Père Tire-Bras. Et je ne pouvais pas demander à Grand-Mère de cueillir les groseilles pour moi, parce qu'elle voulait les garder pour faire de la gelée et des confitures. Je devais y aller moi-même.

Quelle torture ! La nuit dans mon lit, avant de m'endormir, je pesais le pour et le contre.

« C'est bon, les groseilles... oui, mais si le Père Tire-Bras avait les bras assez longs... non, quand même pas... et les groseilles, elles sont mûres, juste à point, délicieuses... »

Je finissais par y aller, au groseillier, et je mangeais en faisant attention à ne jamais tourner le dos à la Beuve.

« Comme ça, au cas où, je les verrai arriver, les bras gluants. »

Mais je ne parvenais pas à tenir bien longtemps ; la peur prenait toujours le dessus, et je m'enfuyais vers la maison en courant de toutes mes forces, persuadé que dans mon dos s'allongeaient les deux bras maudits.

[1] Du raisin chasselas : une sorte de raisin blanc.

[2] Des baies : des petits fruits sans noyau.

[3] Le repaire : le refuge, l'abri.

Itinéraire A

1. **Quels sont les deux personnages qui parlent dans le chapitre 1 ?**
   le Père Tire-Bras – Olivier – Grand-Mère – le père d'Olivier
2. **Relis la phrase soulignée dans le premier chapitre. Pour quelle raison Olivier dit-il cela ?**
3. **Pour quelle raison Olivier est-il chez sa grand-mère ?**
   a. Il habite chez elle. b. Il y vient le week-end.
   c. Il y passe toutes ses vacances.
4. **Choisis la bonne réponse. Le Père Tire-Bras attrape :**
   a. les groseilles. b. les enfants. c. les poissons.
5. **À la fin du chapitre 2, Olivier s'enfuit en courant vers la maison. Peux-tu expliquer pourquoi ?**

Itinéraire B

1. **Quel est le personnage dont on parle mais qui n'est pas présent dans ces deux chapitres ?**
2. *J'avais quatre ans quand Grand-Mère m'a raconté l'histoire du Père Tire-Bras.*
   Qui parle dans le chapitre 2 ?
3. **Qu'est-ce que le jardin de Grand-Mère a de particulier ?**
   a. Il est tout petit. b. Il y a une rivière qui coule au fond. c. On peut y trouver des tas de fruits.
   d. Il y a une balançoire.
4. **Pour quelle raison Olivier parle-t-il de « merveilles » quand il présente ce qui pousse dans le jardin ?**
5. **Quelle solution Olivier a-t-il trouvée pour pouvoir manger les groseilles en toute sécurité ?**

Le Père Tire-Bras – Lecture accompagnée (2)

Rappelle-toi : *Olivier passe ses vacances chez sa grand-mère qui habite près d'une rivière : la Beuve. Sa grand-mère l'a mis en garde : dans cette rivière vit le Père Tire-Bras, un monstre qui attrape les enfants. Mais Olivier adore les groseilles qui poussent près de la rivière.*

Chapitre 3

Le temps a passé. Cinq ans, six ans, sept ans, je suis devenu grand. C'est ainsi du moins que je me voyais : puissant et fort, et génial, et je n'avais jamais tort. Mes parents exaspérés[1] m'envoyaient plus souvent que jamais chez Grand-Mère et celle-ci continuait à me prévenir des dangers de la Beuve, des vices sournois[2] de son habitant, le Père Tire-Bras. Mais ses discours n'avaient plus l'efficacité d'autrefois. Et, dans mon lit, au lieu de claquer des dents, je marmonnais :

– Grand-Mère me raconte ces trucs-là pour que je ne risque pas de glisser dans l'eau et me noyer. Père Tire-Bras, mes fesses !

Tout de même, lorsque j'approchais de la Beuve pour y cueillir les groseilles, un frisson me saisissait, et je devais me raisonner.

– Olivier, espèce de sale trouillard, il existe pas, le Père Tire-Bras. Il-existe-pas !

Pourtant je finissais par courir sans me retourner, sûr que derrière moi se tendaient d'innommables[3] mains crochues. Un jour, je me suis dit que la seule façon d'en finir avec cette peur idiote était de me livrer à des exercices anti-panique. Il fallait y aller progressivement. J'ai commencé par me forcer à rester collé au groseillier en comptant les secondes. Je devais, à chaque fois, augmenter le temps, et je m'encourageais en me gavant[4] de groseilles. Ensuite, (ç'a été le plus dur), j'ai tourné le dos à la Beuve, et la tête rentrée dans les épaules, je me suis répété, les yeux fixés sur le chronomètre de ma montre :

– Le Père Tire-Bras, y en a pas, y a pas de Père Tire-Bras...

Tout ce cirque m'a pris plusieurs séjours, et des litres de transpiration, et j'ai attrapé des crampes à force de serrer les fesses, mais, au bout d'un an — je venais de fêter mon huitième anniversaire — je me suis planté à deux mètres de la rive, et j'ai crié, victorieux :

– Père Tire-Bras, t'existes même pas !

❶ Exaspérés : énervés.

❷ Des vices sournois : des mauvaises intentions.

❸ Innommables : qu'on ne peut pas nommer.

❹ En me gavant : en mangeant énormément.

• Chapitre 4

– N'oublie pas, Olivier, attention au Père Tire-Bras !
– Bien sûr, Grand-Mère.
Et je rigolais intérieurement.
– C'est vrai ça, faut que je fasse gaffe, des fois qu'il m'attaquerait, avec ses copains Barbe-Bleue, la Petite Souris, le Père Noël, et Blanche-Neige... Sacrée bande de crapules ! Pauvre Grand-Mère. Elle me prend encore pour un morveux[1]. Je ne peux pas la contrarier, ça lui ferait de la peine.
Grisé[2] par mon nouveau courage, j'allais sur la berge de la rivière et je fanfaronnais[3] :
– Alors, Père Tire-Bras ? On a la vue qui baisse ? On a besoin de lunettes ? Hmm ? Où c'est que tu te planques, vieux débris ? C'est moi, Olivier !
Les couinements[4] des ragondins[5], le caquetage[6] des poules d'eau, le bruissement[7] du courant me répondaient, et je retournais à la maison en marchant très lentement, pour aller boire mon chocolat. Puis il y a eu ce matin, ce matin où je suis allé trop loin. Une brume à la surface de la Beuve formait un tapis blanc qui cachait l'eau ; j'ai baissé la fermeture Éclair de ma braguette, et j'ai fait pipi dans la rivière. C'est alors qu'ont surgi de la brume blanche des bras fins et souples, comme deux immenses serpents. Je n'avais pas eu le temps de crier que j'étais déjà sous l'eau.

1 Un morveux : un enfant en langage familier.
2 Grisé : excité.
3 Je fanfaronnais : je faisais le fier.
4 Les couinements : les cris perçants.
5 Des ragondins : des rongeurs.
6 Le caquetage : le bruit fait par la poule d'eau.
7 Le bruissement : un léger bruit.

Itinéraire A

1. **Quel âge a Olivier à la fin du chapitre 3 ?**
2. **Olivier pense que Grand-Mère lui a raconté l'histoire du Père Tire-Bras :**
   a. pour qu'il ne cueille pas de groseilles.
   b. pour qu'il ne vienne plus chez elle.
   c. pour qu'il ne se noie pas dans la Beuve.
3. **Pour quelle raison Olivier a-t-il les yeux fixés sur le chronomètre de sa montre ?**
4. **Dans le chapitre 3, Olivier retourne dans la maison en courant. Dans le chapitre 4, il y retourne en marchant très lentement. Peux-tu expliquer pourquoi ?**
5. **À quoi sont comparés les bras qui surgissent de la brume blanche ?**
   a. à des branches b. à des serpents c. à des ficelles

Itinéraire B

1. **Qu'a fait Olivier pour ne plus avoir peur d'aller chercher des groseilles ?**
2. **Combien de temps Olivier a-t-il mis pour ne plus avoir peur du Père Tire-Bras ?**
3. **Relis le passage souligné en noir dans le chapitre 4. Pour quelle raison Olivier parle-t-il de ces personnages ?**
4. **Que fait Olivier pour provoquer le Père Tire-Bras ?**
5. **Qu'arrive-t-il à Olivier quand, à la fin du chapitre 4, il prononce cette phrase ?**
   Je n'avais pas eu le temps de crier que j'étais déjà sous l'eau.

Rappelle-toi : *Olivier a réussi à surmonter sa peur. Il se rend sans problème au bord de la Beuve et se moque du Père Tire-Bras. Puis, un matin, il fait pipi dans la rivière. C'est alors que deux bras l'attrapent et le plongent dans l'eau.*

Chapitre 5

La Beuve était glacée ; durant quelques secondes, j'ai cru que j'allais mourir de froid avant même de me noyer. Mais les bras m'entraînaient à une vitesse inouïe[1] et en un instant ils m'ont sorti de l'eau, puis m'ont lâché. Mais c'est dans le noir que je me trouvais, allongé sur ce qui m'a semblé être du rocher couvert de vase. J'ai tâtonné un peu, j'ai essayé de me lever, j'ai glissé. Une voix de crécelle[2], aiguë et chevrotante[3], m'a fait faire un bond en arrière, et j'ai encore manqué me casser la figure.

– Le coup du pipi, ça, c'est la goutte qui fait déborder le vase !

– Quoi ? Quoi ?

– Passe encore, pour les insultes, les moqueries. Mais le pipi, alors ça, non !

– Mais... mais...

– Tu n'as pas fait pipi, peut-être ? Tu vas oser dire que tu n'as pas fait pipi dans ma rivière ? Hein ? Assieds-toi et reste tranquille. Tes yeux vont s'habituer à l'obscurité, et tu connaîtras ton nouveau logis[4].

Je crois que j'aurais préféré rester dans le noir. Parce que quand j'ai commencé à distinguer ce qu'il y avait autour de moi... Une caverne aux parois vertes de mousse et de lichen[5] ; partout, des coquilles d'escargots. Et surtout, le pire, le plus abominable, celui qui m'avait amené là : le Père Tire-Bras. La description que m'en avait fait Grand-Mère, c'était de la gnognotte[6], à côté du spectacle qu'offrait le monstre.

❶ Inouïe : incroyable.

❷ Une voix de crécelle : une voix désagréable.

❸ Chevrotante : tremblante.

❹ Le logis : l'endroit où l'on habite.

❺ Du lichen : plante vivant sur le sol, les pierres ou les arbres.

❻ De la gnognotte : quelque chose qui a peu d'importance.

Je prononce avant de lire

- inouïe – une crécelle – l'obscurité – distinguer – du lichen – des escargots
- des nageoires – électrique – évidemment – mon gaillard – becqueter

Chapitre 6

Le Père Tire-Bras n'était pas grand, il avait à peu près ma taille. Son teint[1] ? Aussi vert que les parois de sa grotte. En guise de cheveux, des nageoires s'alignaient sur le crâne.
Son visage était à moitié pourri, un de ses yeux pendait comme une ampoule à un fil électrique. Il n'avait pas une seule dent, et on aurait dit qu'une souris avait grignoté une de ses oreilles. Il a toussé.

– Je t'en donnerai, moi, du pipi ! Ma rivière n'est pas assez polluée comme ça ?

– Vous... vous êtes le Père Tire-Bras ?

– Oooh, mais il est intelligent ! Il est brillant ! Comment tu as deviné ? Évidemment, andouille !

– Et, euh... qu'est-ce que vous voulez ?

– Il y a trente ou quarante ans, le problème aurait été vite réglé. Je t'aurais bouffé. Oui, bon, fais pas cette tête. T'es pas au courant ? Le Père Tire-Bras, y boulotte les petits enfants. Comme l'ogre. Sauf que l'ogre, ça, il peut pas le faire : hop là !

Et un de ses bras s'est détendu, comme la langue d'un caméléon. Le Père Tire-Bras a ramené à sa bouche une limace, qu'il a gobée[2].

– Ah, ah ! Ça te la coupe, mon gaillard ! Qu'est-ce qu'on disait déjà ? Ah oui ! Je devrais te becqueter[3]. Mais je peux plus. Je peux plu-u-u-us !

Sa voix s'est cassée, et le monstre s'est mis à pleurer comme un veau.

[1] **Le teint** : la couleur de la peau.
[2] **A gobée** : a avalé la limace d'un coup.
[3] **Becqueter** : manger en langage familier.

Itinéraire A

1 Où se trouve Olivier ?

a. dans la rivière **b.** dans le jardin **c.** dans une grotte

2 Que reproche le Père Tire-Bras à Olivier ?

3 Quel portrait correspond à celui du Père Tire-Bras ?

4 Que va faire le Père Tire-Bras à Olivier ?

a. Il va le manger.
b. Il va le garder prisonnier.
c. Il va lui faire manger des limaces.
d. On ne sait pas.

Itinéraire B

1 Relève les adjectifs qui décrivent le mieux l'endroit où Olivier se trouve.

chaleureux – glissant – obscur – agréable – humide – lumineux – confortable

2 Que signifie la phrase prononcée par le Père Tire-Bras : « *Le coup du pipi, ça, c'est la goutte qui fait déborder le vase !* » ?

3 Retrouve dans la description du Père Tire-Bras ce qui fait de lui un « monstre ».

4 Pour quelle raison le Père Tire-Bras se met-il à pleurer à la fin du chapitre 6 ?

Rappelle-toi : *Le Père Tire-Bras a attrapé Olivier et l'a mené dans sa caverne. Il lui explique qu'il devrait le manger mais qu'il ne peut plus le faire.*

Chapitre 7

– La pollution, mon garçon, la pollution ! Avec toutes les saletés qu'ils déversent dans la Beuve, les engrais[1], les égouts, les pesticides[2], c'est plus une rivière, c'est un dépotoir[3]... Et voilà dans quel état ça m'a mis. T'as vu ma bouche ? Y a encore, quoi ? Cinquante ans à peine, les dents d'un grand requin blanc, c'étaient des grains de riz à côté de mes quenottes à moi. Et mon œil ? T'as vu mon œil ? Beuh, euh, euh... C'est la catastrophe. J'en suis réduit à manger des escargots, des têtards, des araignées d'eau-eau-eau…

– Donc vous ne pouvez plus me manger ? Donc je peux m'en aller ?

Le Père Tire-Bras s'est arrêté de pleurer aussi sec, et il m'a fixé de ses deux yeux, le normal, et le pendant.

– C'est ça, ouais. Et tu veux pas aussi un sac de bonbons ? Tu plaisantes ? Je ne peux plus te dévorer, d'accord. Mais je peux faire pas mal, dans le genre désagréable : te garder dans ma caverne, hé, hé, hé, kof ! Kof ! Euarrkk ! Me fais pas rire, après je tousse, et ça me met d'encore plus mauvaise humeur.

– Pitié, pas ça ! Pas rester ici !

– Tu vas finir par me vexer. Dis tout de suite que ça te plaît pas ! Que c'est pas coquet[4] !

– Je ferai plus pipi ! Plus jamais ! Nulle part !

– C'est trop tard. Tu veux un escargot ?

– Non ! Nooon !

– Comme tu veux. Je suis ravi d'avoir de la compagnie pour les années à venir...

[1] **Les engrais** : les produits qui permettent aux plantes de mieux pousser.

[2] **Les pesticides** : les produits qui repoussent les insectes et combattent les maladies des plantes.

[3] **Un dépotoir** : un endroit où l'on dépose tout et n'importe quoi.

[4] **Coquet** : élégant, joli.

- ils déversent – les pesticides – mes quenottes – la catastrophe – désagréable
- une anfractuosité – la cathédrale – escalader – un bail – cette atmosphère

Chapitre 8

L'eau était la seule issue pour quitter la caverne, et je me serais noyé bien avant d'atteindre la surface. Le peu de lumière venait d'une anfractuosité[1] de la roche, mais si haut dans cette grotte aux dimensions de cathédrale que je n'avais aucune chance d'escalader les parois[2] glissantes.

Le Père Tire-Bras me regardait en ricanant. Ça m'a énervé.

– M'en fiche. Dès que vous regarderez pas, je ferai pipi dans votre Beuve, là.

– Je te ferai remarquer, cher ami, que c'est tout ce que tu auras à boire ici, pendant un bail[3]... Enfin, si tu vis assez longtemps pour ça. Cette atmosphère[4] humide, c'est très mauvais pour les bronches d'un petit garçon.

Et le voilà reparti dans les ricanements. Les heures ont passé, le Père Tire-Bras ne disait rien, il me regardait : j'avais peur, et je m'ennuyais, aussi. Alors j'ai demandé :

– Ça fait longtemps que vous mangez les enfants ?

– Oooof... Vingt, trente mille ans ?

– Tant que ça ? Mais vous avez quel âge ?

– Aucune idée. Je suis comme qui dirait immortel. S'il n'y avait pas cette pollution...

– Vous avez mangé combien d'enfants ?

– À la bonne vieille époque, disons, un ou deux par semaine... Dans ces eaux-là[5]...

– Ça fait du monde.

– Pour sûr. Et y en avait des fameux, dans le tas. Je me souviens, au Moyen Âge, une fillette bien dodue, qui...

– Père Tire-Bras, j'ai une idée.

1. Une anfractuosité : un creux.
2. Les parois : les côtés d'un rocher, droits comme des murs.
3. Pendant un bail : pendant très longtemps.
4. L'atmosphère : l'air.
5. Dans ces eaux-là : à peu près.

Itinéraire A

1. **Pour quelle raison le Père Tire-Bras ne peut-il pas manger Olivier ?**
   a. Il est trop vieux.
   b. Il n'a plus de dents.
   c. Il n'aime pas Olivier.
2. **Le Père Tire-Bras a décidé de garder Olivier pour lui tenir compagnie. Vrai ou faux ?**
3. **Fais la liste de ce qu'on peut manger et boire dans cette caverne.**
4. **Quel est l'âge du Père Tire-Bras ?**

Itinéraire B

1. **Pour quelle raison le Père Tire-Bras parle-t-il de « dépotoir » en parlant de la Beuve ?**
2. **Pour laquelle de ces deux propositions le Père Tire-Bras est-il sérieux ? Explique.**
   a. Et tu veux pas aussi un sac de bonbons ?
   b. Tu veux un escargot ?
3. **Relis le passage souligné dans le chapitre 8 et fais la liste des raisons pour lesquelles Olivier ne peut pas quitter la grotte.**
4. **Que ressent Olivier dans le chapitre 8 ?**

Le Père Tire-Bras – Lecture accompagnée (5)

Rappelle-toi : *Le père Tire-Bras explique à Olivier que la pollution l'a détruit, qu'il ne peut plus le manger mais qu'il désire le garder prisonnier. Olivier réalise qu'il ne pourra pas s'échapper tout seul. Il engage la conversation avec le Père Tire-Bras quand soudain il a une idée.*

• Chapitre 9

– Tu doutes de rien, fiston !

– La pollution est en train de vous faire fondre comme un sucre dans du café, on est d'accord ?

– Humpf. J'aime pas beaucoup la comparaison, mais y a du vrai.

– Me garder ici, ça n'y changera rien, n'est-ce pas ?

– Non, mais au moins, je pourrai…

– Écoutez, Père Tire-Bras. Vous me faites remonter là-haut, sur la berge, et je jure de tout faire, dans les années à venir, pour combattre la pollution de la Beuve. Je vous rendrai votre eau propre.

– Ah ! Oh, oooh…

– Hein ? Mais vous devez me promettre de ne plus manger d'enfants. Plus jamais. Les poissons, les oiseaux, les grenouilles, tout ce que vous voulez. Mais pas les enfants.

Le Père Tire-Bras a fait la moue[1].

– C'est contre mes principes. On demande pas à un tigre de bouffer des endives.

– Très bien... Restez à pourrir dans votre trou.

Il a tourné, il a grognonné, il a reniflé, et puis il m'a demandé en criant :

– Tu jures ? Tu jures que tu feras ça ? La Beuve sera propre ?

– J'ai déjà juré. Je n'ai qu'une parole.

– Et tu ne parleras pas de moi à la surface ? Tu ne diras à personne que j'existe ?

– À personne. Je n'ai pas envie qu'on m'enferme à l'asile[2].

– Bien…

Les deux mains griffues m'ont saisi aux épaules, j'ai été projeté dans l'eau, et avant de l'avoir compris, je gisais[3] à plat ventre, près du groseillier de Grand-Mère.

[1] A fait la moue : a fait une grimace.

[2] L'asile : l'endroit où l'on enferme les fous.

[3] Je gisais : j'étais couché sans bouger.

Je prononce avant de lire

• les grenouilles – il a grognonné – j'existe – l'asile – je gisais • les cultivateurs – l'acharnement – j'ai haussé – l'œil – espèce d'hypocrite – j'ai été propulsé

• Chapitre 10

Il m'a fallu vingt-trois ans, vingt-trois ans à me démener, à aller voir les maires des villages bordant la Beuve, les patrons des usines, les cultivateurs, vingt-trois ans d'acharnement[1] pour rendre à la rivière sa propreté d'antan[2]. Grand-Mère était très vieille quand je suis revenu au fond du jardin, près de l'eau.

– Père Tire-Bras ? Père Tire-Bras... Pèèère Tire-Bras ?

Pas de réponse. Je me suis senti stupide, moi et mes trente et un ans, à parler tout seul ; tout cela n'avait été qu'un rêve d'enfant. J'ai haussé les épaules, et tourné les talons.

Les mains griffues m'ont rattrapé alors que j'étais déjà loin de la berge.

Il n'avait plus l'œil pendant, ni le visage en marmelade[3], le Père Tire-Bras. En pleine forme, le monstre. Il sautait sur place comme un môme qui piétine des champignons.

– Vingt dieux mon gars ! Je pète la santé ! Regarde, je suis pas magnifique ? Je voulais te dire merci ! Merci fiston !

– J'avais promis. Alors, tout va bien ?

– C'est la fête ! J'ai retrouvé mes dents ! Pointues, non ? Dans la semaine, je me boulotte mon premier gamin !

– Votre premier... Comment ça ? Vous aviez juré !

– Ah bon ? Je ne me souviens plus. Sacrée mémoire...

– Père Tire-Bras, espèce d'hypocrite ! Menteur ! Faux-jeton !

– Ah mais ! Tu viens m'insulter dans ma grotte ? T'as de la chance d'avoir nettoyé la rivière, autrement...

Il a lancé ses bras sur moi, j'ai été replongé dans la Beuve, puis propulsé[4], tête la première, dans le groseillier. Ne faites jamais, jamais, jamais confiance à un monstre, même s'il est à moitié pourri, et qu'il mange des escargots.

[1] L'acharnement : la lutte, le combat pour obtenir quelque chose.

[2] D'antan : d'autrefois.

[3] En marmelade : abîmé.

[4] Propulsé : jeté.

Itinéraire A

1 Pour que le Père Tire-Bras le relâche, Olivier promet :

a. de ne plus faire pipi dans la Beuve.
b. de ne plus manger de groseilles.
c. de nettoyer la Beuve de sa pollution.

2 Où se retrouve Olivier quand le Père Tire-Bras le libère ?

3 Relève, dans la liste suivante, les personnes qu'Olivier a dû aller voir pour nettoyer la Beuve.

le président de la République – les maires – les patrons d'usine – les commerçants – les pompiers – les cultivateurs

4 Olivier a-t-il tenu sa promesse ? Comment le sait-on ?

Itinéraire B

1 Retrouve dans le chapitre 9 les expressions qui montrent que le Père Tire-Bras n'aime pas l'idée de ne plus manger d'enfants.

2 Pour quelle raison Olivier pense-t-il qu'on va l'enfermer à l'asile s'il parle du Père Tire-Bras ?

3 Relève les indices qui montrent qu'Olivier n'est plus un enfant dans le chapitre 10.

4 Relis la dernière phrase du chapitre 10. Pourquoi Olivier dit-il cela ?

Le Père Tire-Bras – Les personnages

Itinéraire A

1 Complète le tableau avec les personnages suivants.

les parents – Grand-Mère – Olivier – le Père Tire-Bras

Personnages principaux	Personnage secondaire	Personnages dont on parle
…	…	…

2 Associe chaque personnage aux paroles qu'il a prononcées.

Le Père Tire-Bras	« Viens, je vais te faire une bonne tasse de chocolat. »
Olivier	« Il y a trente ou quarante ans, le problème aurait été vite réglé. Je t'aurais bouffé. »
Grand-Mère	« Je ferai plus pipi ! Plus jamais ! Nulle part ! »

3 Retrouve les adjectifs qui caractérisent le mieux le Père Tire-Bras. Tu peux relire les chapitres 6 et 7 pages 159 et 160 pour t'aider.

ravissant – gentil – menteur – affreux – aimable – malheureux – drôle – cruel

Itinéraire B

1 Dans ce roman, qui raconte l'histoire ? Comment le sais-tu ?

2 Selon son âge, Olivier n'a pas le même comportement. Retrouve l'âge correspondant à son attitude : *4 ans – 8 ans – 31 ans.*

a. À **…**, Olivier se sent fort, il ne croit plus sa grand-mère, il provoque le Père Tire-bras.
b. À **…**, Olivier a très peur lorsqu'il va cueillir des groseilles.
c. À **…**, Olivier est honnête, il a tenu sa promesse.

3 En relisant cet extrait, montre que le Père Tire-Bras porte bien son nom.

« Et un de ses bras s'est détendu, comme la langue d'un caméléon. Le Père Tire-Bras a ramené à sa bouche une limace, qu'il a gobée. »

Le Père Tire-Bras – L'espace et le temps

Itinéraire A

1 Associe chaque dessin au lieu qu'il représente.

a. la Beuve
b. le jardin de Grand-Mère
c. la grotte du Père Tire-Bras
d. la maison de Grand-Mère

2 Quelle phrase montre que la rivière est polluée ?

a. L'eau ici est verte, pas transparente.
b. La Beuve était glacée.
c. L'arbuste à groseilles se trouvait à une dizaine de mètres de la rivière.

3 Retrouve l'âge d'Olivier selon les chapitres suivants.

Chapitre 2	… ans
Début du chapitre 3	… ans
Fin du chapitre 3	… ans
Chapitres 4 à 9	… ans
Chapitre 10	… ans

Itinéraire B

1 Par où faut-il passer obligatoirement pour arriver dans la grotte du Père Tire-Bras ?

2 Combien de temps Olivier est-il resté prisonnier dans la grotte du Père Tire-Bras ?

a. 23 ans
b. quelques heures
c. un an
d. une semaine

3 Quand Olivier raconte son histoire, il est :

– enfant ?
– adulte ?

Explique.

4 Remets les passages suivants dans l'ordre de l'histoire.

a. L'eau était la seule issue pour quitter la caverne, et je me serais noyé bien avant d'atteindre la surface.
b. Il n'avait plus l'œil pendant, ni le visage en marmelade, le Père Tire-Bras. En pleine forme, le monstre.
c. « Mais, Olivier, gros bébé, je viens de te le dire : le Père Tire-Bras, c'est dans la rivière qu'il habite. »
d. C'est alors qu'ont surgi de la brume blanche des bras fins et souples. Je n'avais pas eu le temps de crier que j'étais déjà sous l'eau.

1 Relis le début du chapitre 7.

– La pollution, mon garçon, la pollution ! Avec toutes les saletés qu'ils déversent dans la Beuve, les engrais, les égouts, les pesticides, c'est plus une rivière, c'est un dépotoir... Et voilà dans quel état ça m'a mis.

2 Le débat philosophique : *comment réagir face à la pollution ?*

C'est une discussion sur les sujets de la vie, comme ici la pollution. Chacun n'a pas forcément le même avis sur la question. Échanger, discuter, donner son point de vue, écouter celui des autres…
C'est ainsi que tu vas pouvoir débattre avec tes camarades, réfléchir et faire réfléchir sur le thème abordé.

Pour trouver des idées, tu vas lire le texte qui suit et répondre aux questions.

Roger est vieux et décide de vendre sa ferme. Gilbert l'achète. Il trouve que les vaches ne produisent ni assez de lait ni assez de viande, et que le champ où elles broutent pourrait produire des pommes de terre plutôt que de l'herbe. Gilbert achète donc des sacs d'aliments pour les vaches, des aliments qu'elles mangent volontiers et qui les font grossir beaucoup plus vite. Il cultive le champ pour semer des pommes de terre et il s'est rendu compte qu'en ajoutant des engrais chimiques, les pommes de terre poussent plus vite et sont plus grosses. Gilbert produit 10 fois plus de lait que Roger, 15 fois plus de viande, et récolte des centaines de kilos de pommes de terre. Au bout de quelques années, il se passe des choses bizarres dans sa ferme : deux vaches sont mortes le mois dernier en se roulant par terre, le vétérinaire ne comprend pas, des dizaines de poissons morts flottent dans la rivière derrière la ferme, et le champ ne produit plus que de toutes petites pommes de terre. Après enquête, pas de doute : la nouvelle nourriture des vaches les a rendues malades ; les engrais chimiques pour le champ se sont écoulés dans la rivière et ont empoisonné les poissons ; la terre du champ, à force d'être forcée à produire, est épuisée.

La nature et la pollution, coll. « Les goûters philo », Brigitte Labbé, Michel Puech © Éditions Milan.

1 Comment l'histoire de Roger permet-elle de comprendre ce qui est arrivé à la Beuve ?

2 Connais-tu d'autres formes de pollution ?

3 Que peut-on faire pour éviter la pollution ?

4 Comment choisir entre les inventions qui nous permettent de mieux vivre et la protection de la nature ?

Cette mosaïque du IIIe siècle après Jésus-Christ représente le dieu Océan. On peut la voir à Saint-Romain-en-Gal, près de Lyon.

▶ *La mosaïque est un art très ancien qui consiste à disposer des petites pierres ou des petits cubes de couleur les uns à côté des autres pour former un dessin. On trouve des mosaïques sur les sols, sur les murs ou sur les plafonds.*

Détail de la mosaïque du dieu Océan © Paul Veysseyre, musée gallo-romain de Saint-Romain-en-Gal, Vienne.

1 Quels animaux te permettent de savoir où vit le dieu Océan ?

2 Quelle partie du dieu vois-tu sur la mosaïque ?

3 Quels détails montrent qu'il s'agit d'un être fantastique et non d'un homme ?

Tes outils pour mieux lire

Oral

Lire à haute voix

1 **Entraîne-toi à lire ces mots.**

déverser – les pesticides – une quenotte – la catastrophe – des araignées – fixer – désagréable – la mauvaise humeur – vexer – coquet – Kof ! Euarrkk

2 **Lecture dialoguée du chapitre 7.**
Relis d'abord le chapitre 7 silencieusement et imagine ce que ressent le Père Tire-Bras lorsqu'il parle (colère, tristesse, joie). Fais attention aux signes de ponctuation pour adopter le ton qu'il faut. Répartis les rôles : le Père Tire-Bras et Olivier.

Prendre la parole devant le groupe

3 **Tu viens de lire l'histoire du Père Tire-Bras. Connais-tu d'autres histoires semblables ? As-tu déjà lu des histoires de monstres, de personnages vivant dans l'eau, de combats contre la pollution, de récits qui font peur ?**

Choisis un livre qui parle de l'un de ces thèmes et présente-le à tes camarades.

Présenter son travail

4 **Voici des renseignements sur l'auteur du roman *Le Père Tire-Bras*.**

Jean-François Chabas est un écrivain français né en 1967 dans la région parisienne. Il vit maintenant au Pays basque. Il a exercé de nombreux métiers avant de se consacrer à l'écriture. Il a écrit 35 livres en tout.

Voici quelques titres destinés aux enfants :

Le coffre enchanté – Féroce – Barbak l'étrangleur – Le brigand à quatre mains – La colère de Banshee – Contes des très grandes plaines

Imagine que tu es un journaliste et que tu poses des questions à l'auteur sur sa vie et son œuvre.

Par deux, préparez les questions et les réponses, répartissez-vous les rôles et présentez la scène à vos camarades.

La langue au service des textes

5 **Olivier et le Père Tire-Bras s'expriment parfois de façon familière. Associe les phrases qui vont ensemble.**

Langage familier	Langage courant
a. Il faut que je fasse gaffe.	**1.** C'est tout ce que tu auras pendant très longtemps.
b. M'en fiche.	**2.** Où te caches-tu ?
c. C'est tout ce que tu auras pendant un bail.	**3.** J'ai encore manqué de tomber.
d. Où c'est que tu te planques ?	**4.** Cela m'est égal.
e. J'ai encore manqué me casser la figure.	**5.** Je dois faire attention.

6 **Relis ces phrases prononcées par le Père Tire-Bras et classe les verbes soulignés dans le tableau.**

a. Il y a trente ou quarante ans, je t'aurais <u>bouffé</u>.
b. J'en suis réduit à <u>manger</u> des escargots.
c. Le Père Tire-Bras, y <u>boulotte</u> les petits enfants.
d. Je ne peux plus te <u>dévorer</u>.
e. Je devrais te <u>becqueter</u>.

Langage familier	Langage courant
...	...

7 Complète les phrases suivantes avec ces expressions : *je pèse le pour et le contre – c'est la goutte d'eau qui a fait déborder le vase – c'était de la gnognotte – être au courant – je pète la santé – pleurer comme un veau – claquer des dents.*

a. Je lis le journal pour … des nouvelles du monde.
b. Quand il a perdu la course, il s'est mis à …, il ne pouvait plus s'arrêter.
c. Avant de prendre une décision, … afin de faire le bon choix.
d. Je fais du sport, je suis en pleine forme, … .
e. Cette bêtise, … : tu es renvoyé !
f. Il a tellement peur qu'on l'entend … à l'autre bout de la pièce.
g. Ce parcours semblait difficile mais …, je l'ai réussi sans problème.

8 Corrige les paroles des personnages pour que la construction de la phrase soit correcte.
Exemples : T'as vu ma bouche ? → Est-ce que tu as vu ma bouche ? – Il peut pas le faire. → Il ne peut pas le faire.

a. T'es pas au courant ?
b. Mais je peux plus.
c. Tu veux un escargot ?
d. Je ferai plus pipi.
e. Il existe pas.

Le vocabulaire des émotions

9 Relis ces différents extraits.

- Je m'enfuyais en courant de toutes mes forces.
- Espèce de sale trouillard.
- Tout ce cirque m'a pris plusieurs séjours, et des litres de transpiration, et j'ai attrapé des crampes à force de serrer les fesses.
- Une voix de crécelle m'a fait faire un bond en arrière.

Quel sentiment Olivier éprouve-t-il lorsqu'il prononce ces phrases ?

de la tristesse – de la joie – de la peur – de la colère

10 Associe chaque phrase au sentiment qu'elle exprime :
la peur – la colère – la joie – la tristesse.

a. J'ai crié victorieux : – Père Tire-Bras, t'existes même pas !
b. Un frisson me saisissait.
c. Le monstre s'est mis à pleurer comme un veau.
d. – Père Tire-Bras, espèce d'hypocrite ! Menteur ! Faux-jeton !

Le vocabulaire de la pollution

11 Voici des mots qui évoquent l'idée de pollution. Deux intrus se sont glissés parmi eux, ils évoquent la protection de la nature. Retrouve-les.

déchets – marée noire – papier recyclé – produits chimiques – gaz d'échappement – alimentation biologique – pesticides

12 Associe chaque phrase à l'image qui convient.

a. Avec toutes les saletés qu'ils déversent dans la Beuve […] c'est un dépotoir.
b. Il m'a fallu vingt-trois ans […] pour rendre à la rivière sa propreté d'antan.

1

2

Écrire pour mieux lire

13 **Voici des images représentant différentes scènes de l'histoire. Écris une ou deux phrases pour chacune d'elles.**

Scène n° 1

Scène n° 2

Scène n° 3

Scène n° 4

14 **Écris la table des chapitres en ajoutant les titres.**

Chapitre 1 : La légende du Père Tire-Bras
Chapitre 2 : ...
Chapitre 3 : ...
Chapitre 4 : ...
Chapitre 5 : ...
Chapitre 6 : ...
Chapitre 7 : ...
Chapitre 8 : ...
Chapitre 9 : ...
Chapitre 10 : ...

15 **Le carnet de lecteur**

Ton carnet de lecteur va te permettre de noter tout ce qui t'a marqué, ce que tu as aimé ou ce que tu veux retenir de cette histoire. Tu consacreras ensuite une page pour chaque histoire que tu liras.
Avant tout, il faut noter le titre du livre et son auteur.
Puis tu peux :
– raconter de quoi parle cette histoire ;
– recopier une phrase que tu as aimée ;
– dire ce que tu penses de cette histoire ;
– dessiner les personnages : Olivier, le Père Tire-Bras ou la grand-mère d'Olivier ;
– dessiner le jardin de la grand-mère.

As-tu bien compris ?

Réponds par Oui ou Non.

a. Le titre de ce roman désigne l'un des personnages.
b. En lisant la quatrième de couverture, tu peux connaître le nombre de chapitres.
c. Dans cette histoire, le personnage a toujours le même âge.

Choisis parmi ces résumés celui qui convient.

Résumé n° 1 : Olivier passe ses vacances chez sa grand-mère qui habite près d'une rivière : la Beuve. Dans cette rivière vit le Père Tire-Bras, un monstre qui attrape les enfants. Olivier a très peur mais il adore les groseilles qui poussent près de la rivière. Il se rend alors au bord de la Beuve et décide de rencontrer le Père Tire-Bras. Il saute dans la rivière et nage jusqu'à sa caverne. Le Père Tire-Bras l'accueille et lui explique qu'il ne peut plus manger car la pollution l'a détruit. Il est très malheureux. Olivier propose au Père Tire-Bras de tout faire pour nettoyer la rivière. Le Père Tire-Bras accepte. Devenu adulte, Olivier a réussi sa mission : la rivière est redevenue propre et le Père Tire-Bras n'est plus malheureux.

Résumé n° 2 : Olivier passe ses vacances chez sa grand-mère qui habite près d'une rivière : la Beuve. Dans cette rivière vit le Père Tire-Bras, un monstre qui attrape les enfants. Olivier a très peur mais il adore les groseilles qui poussent près de la rivière. Quelques années plus tard, Olivier se rend au bord de la Beuve, se moque du Père Tire-Bras, puis fait pipi dans la rivière. Le Père Tire-Bras attrape alors Olivier et le mène dans sa caverne. Il lui explique qu'il devrait le manger mais qu'il ne peut plus le faire, car la pollution l'a détruit. Il décide de le garder prisonnier. Olivier propose au Père Tire-Bras de tout faire pour nettoyer la rivière s'il le relâche. Le Père Tire-Bras accepte. Devenu adulte, Olivier a réussi sa mission : la rivière est redevenue propre et le Père Tire-Bras est heureux.

Résumé n° 3 : Olivier passe ses vacances chez sa grand-mère qui habite près d'une rivière : la Beuve. Sa grand-mère l'a prévenu : de l'autre côté de cette rivière vit le Père Tire-Bras, un vieux bonhomme qui attrape les enfants. Olivier a très peur mais il adore les groseilles qui poussent près de la rivière. Surmontant sa peur, il décide malgré tout d'aller cueillir ces fruits délicieux. C'est alors que le Père Tire-Bras apparaît. En l'espace d'un instant, il attrape Olivier et l'enferme dans sa cabane. Depuis que la rivière est polluée, le Père Tire-Bras est très malheureux, il ne peut plus se baigner ni aller à la pêche. Il décide de garder Olivier pour avoir de la compagnie. Le jeune garçon lui propose alors de tout faire pour nettoyer la rivière s'il le relâche. Le Père Tire-Bras accepte. Devenu adulte, Olivier a réussi sa mission : la rivière est redevenue propre et le Père Tire-Bras n'est plus un monstre.

Index des mots-clés des « Retenons »

Crédits :

Premières et dernières pages :

J. de La Fontaine : © Akg-Images / A. Held – Comtesse de Ségur, C. Perrault, Les Frères Grimm, A. Daudet : © Akg-Images – Boris Vian : © Photo J. Weber – Archives Cohérie Boris Vian – D.R. – M. Aymé : © Millet/Rapho. p. 13 : a) © Fotolia/Dambuster, b) © Fotolia/Atoss ; p. 14 : © Fotolia/B.Bailly ; p. 17 : © Daniel Bechennec ; p. 19 : © Nasa / Rapho ; p. 20 : © Fotolia/Monticello ; p. 28 : © Fotolia /Mariesacha ; p. 48 : © Fotolia/Eric Isselée ; p. 53 : © Fotolia/ Gary Blakeley ; p. 56 : a) © Fotolia/Eisenhan, b) © Fotolia/N.Parneix, c) © Fotolia/Krättli ; p. 58 : © Fotolia/Bios / Carlo Dani et Ingrid Jeske ; p. 59 : a et b) © Fotolia/Éric Isselée, c) © Fotolia / Anna Omelchenko, a1) © Canstockphoto / Fazons, b1) © Canstockphoto / Seamartini ; p. 60 : © Fotolia / Éric Isselée ; p. 61 : a) © Canstockphoto / Eastman photo, b) © Châteaubernard (Charente), Monument aux morts, © Région Poitou-Charentes, inventaire général du patrimoine culturel, Raphaël Jean, 2008 ; p. 73 : Félix Lorioux © The Bridgeman Art Library ; p. 86 : a) © Fotolia/Jj, b) © Canstockphoto/ Surz, c) © Fotolia / C. Musat ; p. 89 : a) © Charlie Chaplin, Archive du 7e Art/ Photo12/DR, b) Charlie Chaplin, Photo12/ DR ; p. 90 : © Fotolia /Dixi ; p. 100 : iStock / CreativeImagery ; p.125 : a) ©Canstockphoto/J_Loot, b) © Fotolia/Ljdema ; p. 127 : a) © Fotolia/Digi Dresen, b) © Fotolia/Little Tomato Studio, c) ©Fotolia/Satori, d) ©Henri-Roger/Roger-Viollet ; p. 128 : a) © Fotolia/Paul Murphy, b) ©Fotolia/Sally Wallis, c) © Fotolia/Oxilixo, d) ©Fotolia/Eric Isselée, 1) © Fotolia/ M T Guihal, 2) © Fotolia/Tdoes, 3) © Fotolia/ Marylin Barbone, 4) © Fotolia/Sherst ; p. 167 : © Jean-François Chabas.

Illustrations :

Couverture et pages « Que sais-tu déjà ? » : Manola Caprini

Chapitres 1 et 3 : Mélisande Luthringer • Chapitre 2 : Marie-Hélène Tran-Duc • Chapitre 4 : Séverine Duchesne • Chapitre 5 : Crescence Bouvarel • Chapitre 6 : Héloïse Robin • Chapitre 7 : Romain Guyard • Chapitre 8 : Stéphanie Ronzon • Chapitre 9 : Benjamin Bachelier

Conception couverture et maquette intérieure : Thierry Poulet
Réalisation : Amandine Chambosse
Droits textes et iconographie : Micheline Sanz
Relecture : Anastassia Losséva et Émilie Collet
Édition : Isabelle Peyronnet

Achevé d'imprimer : mars 2014, par Roto-Aisne, France.

QUELQUES AUTEURS

Peyo (Pierre Culliford)
1928-1992

Jean Roba
Né en 1930

Michel Piquemal
Né en 1954